DAS WALTEN DER NATUR

EIN KURZER BLICK AUF DIE WIRKLICHKEIT

Rainer Kleinefeld

DAS WALTEN DER NATUR

EIN KURZER BLICK AUF DIE WIRKLICHKEIT

Bibliografische Information der Deutschen Nationalbibliothek:
Die Deutsche Nationalbibliothek verzeichnet diese Publikation in der Deutschen Nationalbibliografie; detaillierte bibliografische Daten sind im Internet über http://dnb.dnb.de abrufbar.

Lektorat und Layout: Lektoratsbüro textbaustelle Berlin – www.berlinlektorat.com

Herstellung und Verlag: BoD – Books on Demand, Norderstedt

ISBN: 978-3-7534-0357-1

Inhalt

EINLEITUNG

Doch es ist nun einmal so,
dass alles, was lebt,
an dem stirbt,
was ihm zum Leben verholfen hat.

Alain de Benoist

Eine schroff ablehnende Haltung in großen Teilen der Öffentlichkeit ist die Antwort auf Jonathan Franzens Verlangen, uns einzugestehen, dass wir die Klimakatastrophe nicht werden verhindern können.[1] Er hat es gewagt, uns darauf hinzuweisen, dass wir alle sterben werden. Ein unerhörter Tabubruch in einer Spaßgesellschaft, deren einziger Zweck es ist, den Gedanken an den Tod im Medienspektakel zu ersticken.

Hinter dieser Haltung steht das elementare Bedürfnis nach absoluter Sicherheit, die es im realen Leben nicht gibt – nicht geben kann. Die daraus resultierende Angst weckt in uns das Verlangen nach einer erträumten Sicherheit, nach einer Flucht aus der Realität, wann eben das möglich erscheint. Wir lösen uns von uns selbst und unserer Umgebung,

---

1 Franzen, Jonathan: Wann hören wir auf, uns etwas vorzumachen? Gestehen wir uns ein, dass wir die Klimakatastrophe nicht verhindern können, Hamburg 2020: Rowohlt.

flüchten in eine Welt der Illusionen und reagieren panisch, wenn uns jemand darin stört.

Die Fähigkeit zum Selbstbetrug ist ungleich verteilt. Diese Schrift richtet sich an jene, denen die Sinnfrage noch etwas bedeutet, die immer noch neugierig fragen: Wozu sind wir auf Erden? Oder profaner ausgedrückt: Welche Aufgabe hält die Natur für uns bereit? An die, die den Mut haben, ihre Traumwelt zu verlassen und sich der Realität stellen. An die, die noch leben, denn wer den Tod verdrängt, verdrängt mit ihm das Leben, wandert als Untoter durch die Welt.[2]

Ein möglichst objektiver, von allen metaphysischen Verirrungen befreiter Blick auf die Realität ist nur möglich unter Beachtung der vom Literaten und Philosophen Stanisław Lem getroffenen Feststellung: *„Wenn die Urbegriffe eines Systems nicht empirisch sind, verhilft keinerlei ‚Präzisierung' der abgeleiteten Begriffe zu einem wissenschaftlich sinnvollen Resultat."*[3] Das empirisch gesicherte Wissen, das Erfahrungswissen der Naturwissenschaften, ist also Grundlage dieser Schrift.

---

[2] Dazu der Philosoph Han, Byung-Chul: Kapitalismus und Todestrieb. Essays und Gespräche, Berlin 2019: Matthes & Seitz.

[3] Lem, Stanislaw: Philosophie des Zufalls. Zu einer empirischen Theorie der Literatur, Bd. 1, Frankfurt a. M. 1983: Insel, S. 389.

Die Physik des Lebens offenbart sich im zweiten Hauptsatz der Thermodynamik, der Physik des Feuers, mit dem zentralen Begriff der Entropie. Ihn gilt es im Folgenden zu entziffern, das heißt über seinen formalen Gebrauch hinaus zum Wesen der Entropie selbst vorzudringen.

Obwohl man weiß, dass alle Modelle falsch sind,[4] sind Bilder nützliche Instrumente, um das Wesenhafte abstrakter Phänomene wenigstens annähernd zu erfassen. Ein solches Bild liefert der Physiker Carlo Rovelli,[5] indem er die Wirkung der Entropie mit dem Tanz des Gottes Shiva des Zerstörers vergleicht. So hebt er zwei Wesensmerkmale hervor, einmal das des undefinierbar Göttlichen, das die Urkraft in sich birgt, und das der Zerstörung – Shiva trägt in der linken Hand eine Flammenzunge.

In der hinduistischen Mythologie ist Gott Shiva nicht nur Zerstörer, er ist gleichzeitig Schöpfer der Welt. Aber auch das passt ins Bild, denn ein Ausdruck der Entropie ist die Gleichzeitigkeit von Zerfall und Aufbau. Der Zerfall, die Selbstzerstörung der Sonne, ermöglicht zum Beispiel den Aufbau des Lebens auf der Erde. Und dennoch ist die Zer-

---

4 Eine Aussage des britischen Statistikers George Box: „*All models are wrong, but some are useful.*“

5 Rovelli, Carlo: Die Ordnung der Zeit, Reinbek bei Hamburg 2018: Rowohlt, S. 137.

störung besonders hervorzuheben, weil das Auftreten beider Ereignisse mit unterschiedlicher Wahrscheinlichkeit behaftet ist. Dem Aufbau folgt mit Notwendigkeit der Zerfall. Das sagt uns unsere Erfahrung: Alles zerfällt irgendwann zu Staub, endet in vollkommener Zerstörung, es ist nur eine Frage der Zeit. Ein Aufbau nach dem Zusammenbruch ist dagegen dem Zufall überlassen und nicht zwingend. Die Sonne schleudert ihre Energie unkontrolliert ins Weltall. Dass ein kleiner Teil davon auf der Erde die Bedingungen vorfand, die den Aufbau unseres Biotops ermöglichten, war eben reiner Zufall.

Der Begriff der Entropie steht in direkter Beziehung zu dem der Arbeit, zum Beispiel zu der beim Aufbau unseres Biotops zu leistenden Arbeit. Die hierfür erforderliche Arbeitskraft steckt in der Strahlungsenergie der Sonne. Im Verlauf des Arbeitsprozesses, konkret handelt es sich um die Photosynthese, schwindet die Arbeitskraft dahin; die Energie selbst bleibt quasi ermattet zurück. Sie ist erschöpft und hat keinen Wert mehr in dem Sinne, dass sie keine weitere Arbeit mehr leisten kann. Der Wertverlust einer bestimmten Energiemenge entspricht einer bestimmten Entropiezunahme. Das heißt, Energie niedriger Entropie hat einen hohen Wert, denn sie kann Arbeit leisten, Energie hoher

Entropie ist dagegen wertlos. Der zweite Hauptsatz der Thermodynamik besagt, dass der Nutzen einer bestimmten Energiemenge ständig abnimmt.

Energie erschöpft sich selbst.

Arbeit erhält ihre Bedeutung nicht allein durch Arbeitskraft, also durch niedrige Entropie; es bedarf einer zweiten Entität, die das Vermögen besitzt, den Kraftfluss so zu lenken, dass er eine gewisse Wirkung erzeugt. Diese lenkende Funktion erfüllen Informationen. Eine bestimmte Information führt zu einem bestimmten Arbeitsergebnis.

Trifft die Kraft der Sonne auf Erdmaterie, so kommt es dort unter Umständen zu einer stofflichen Veränderung, zu einem Stoffwechsel. Die Materie wechselt Form und Eigenschaft dadurch, dass sich die in ihr enthaltenen Elemente umlagern, in Art und Zahl aber erhalten bleiben. Nun existieren in der Natur Substanzen, die diesen Prozess in besonderer Weise beschleunigen und lenken können, sodass es zu bestimmten Stoffwechselergebnissen kommt. Diese Substanzen, die man Katalysatoren nennt – jeder kennt z. B. den Platinkatalysator als Hilfsmittel zur Abgasreinigung – repräsentieren demnach spezielle Informationen. Diese sind geistiger Natur; Geist offenbart sich hier als Ausdruck der Beschaffenheit von Materie.

In einem Katalysator treffen sich Materie und Geist.

Ein zufällig anwesender Katalysator erzwingt ein bestimmtes Stoffwechselprodukt. Dieses hat Bestand oder es zerfällt oder es wird von anderen Prozessen mit besseren Informationen geschluckt. Dem Zufall folgt die Selektion. Nur die Informationen überleben, die einer aktuellen Wirklichkeit standhalten. Auf dieser Basis entwickelt sich Leben. Die Evolution ist ein Prozess zunehmender Informationsentfaltung in einem Wettbewerb zufällig auftretender Informationen.

Das komplexeste informationsverarbeitende System ist der Mensch. Die erste Bedingung seiner Existenz ist die ausreichende Zufuhr niedriger Entropie. Die direkte Verarbeitung der Sonnenenergie ist uns jedoch verwehrt. So sind wir auf unsere Umwelt angewiesen, auf deren Fähigkeit, die niedrige Entropie der Sonne in eine für uns zugängliche Form umzuwandeln. Im Mittelpunkt steht dabei die Photosynthese, also das Wachstum der Pflanzen, ein Arbeitsprozess, der von der niedrigen Entropie der Sonnenenergie angetrieben und vom Genpool des Biotops gelenkt wird.

Pflanzen sind unsere Nahrungsproduzenten, deren Leistungsfähigkeit unser Nahrungsangebot bestimmt. Das alles überragende Dilemma besteht darin, dass wir dem System, in das wir eingebunden sind, keine Nahrung entnehmen können, ohne das System insgesamt zu schwächen, denn eine Pflanze, die wir essen, kann keine Nahrung mehr produzieren. Es kommt also darauf an, dass alles, was wir dem Biotop entnehmen, die Chance hat, nachzuwachsen, sich zu reproduzieren. Das ist nur dann möglich, wenn wir dafür sorgen, dass die Informationsbasis, der Genpool, also die Artenvielfalt, erhalten bleibt.

Entziehen wir durch vermehrte Anstrengung, gesteigerte Arbeitskraft und besseres Know-how einem Biotop mehr Nahrung, als nachwachsen kann, greifen wir die Substanz an, schwächen wir deren Vermögen als zukünftiger Nahrungslieferant. Der Vorteil von heute wird zur Katastrophe von morgen.

Das können wir erkennen, aber anscheinend können wir nicht danach handeln. Hier zeigt sich das zweite grundlegende Dilemma, in dem wir gefangen sind: Wir sind dem Moment verpflichtet. Wer den Moment nicht überlebt, dem helfen keine noch so guten Entwürfe für eine glückliche Zukunft. Wie alle Lebewesen befinden wir uns in einer ständigen Konkurrenzsituation und sind deshalb von Natur her darauf eingerichtet, jeden sich bietenden Vorteil sofort zu nutzen und dabei schneller zu sein als der andere, der das gleiche Ziel verfolgt. Dieser Umstand hat gravierende Konsequenzen. Er zwingt uns, unsere langfristigen Interessen einem momentanen Vorteil zu opfern, und zwar entgegen besserem Wissen.

Diese unbedachte Handlungsweise findet Unterstützung dadurch, dass der momentane Vorteil dem Einzelnen zugutekommt, während der künftige Nachteil alle betrifft. Die Starken jeder Generation glauben, die Nachteile auf die Schwachen abladen zu können und selbst ungeschoren davonzukommen. Dieser Selbstbetrug der Reichen, gepaart mit unersättlicher Habgier, zwingt die menschliche Zivilisation auf ihre selbstzerstörerische Bahn.

So heißt es gleich mehrfach in den Evangelien: „Eher geht ein Kamel durch ein Nadelöhr, als dass ein Reicher in das Reich Gottes gelangt."[6] Er ist unfähig, die Wahrheit zu erkennen.

Bei aller Intelligenz verfangen wir uns immer wieder im Netz der Selbstzerstörung – ein universelles Prinzip, dem nichts entkommt. Ein Beispiel ist der Kapitalismus: Die Ignoranz der Reichen zeigt sich in der Feststellung des Philosophen Alain de Benoist: *„Der Kapitalismus steht vor dem ewigen Problem, immer mehr finden zu müssen, was er Menschen verkaufen*

---

[6] So in Markus 10,25, Matthäus 19,24 und Lukas 18,25.

kann, die immer weniger Mittel haben, etwas zu kaufen.“[7] Unfähig, diesem simplen Zusammenhang die gebührende Beachtung zu schenken, taumelt der Kapitalismus von Krise zu Krise seiner Selbstzerstörung entgegen.

Wir Menschen richten die Welt zugrunde. Im gleichen Maße, wie wir uns mit unserem eigenen Wachstum über diese Welt ausbreiten, zerstören wir sie. Wir zerstören die Erde, das Wasser und die Luft, bis auch uns die Zerstörung trifft. Wir sägen an dem Ast, auf dem wir sitzen. Unser Zerstörungswerk an der Natur hat uns zum Leben verholfen, an ihm werden wir sterben.

Ähnliches geschieht mit dem Lebensprozess, der uns hervorgebracht hat. Für den Physiker Albrecht Unsöld handelt es sich beim Geschehen der gesamten Evolution *„um die Gewinnung, Verwertung und Weitergabe von mehr und immer mehr Information, von ‚know how‘“*.[8] Ein wachsender Informationsstand hat immer komplexere und leistungsfähigere Organismen hervorgebracht. An der Spitze steht der intelligente Mensch, der sich mit seinem Know-how ein

---

[7] Benoist, Alain de: Am Rande des Abgrunds. Eine Kritik der Herrschaft des Geldes, Berlin 2012: Edition Junge Freiheit, S. 32.

[8] Unsöld, Albrecht: Evolution kosmischer, biologischer und geistiger Strukturen, 2. Auflage, Stuttgart 1983: Wissenschaftliche Verlagsgesellschaft, S. 85.

gewaltiges Zerstörungspotential zulegen konnte, mit dem er die gesamte Weltoberfläche verwüsten und alles Leben darauf gleich mehrfach vernichten kann. Nach dem Ingenieur Edward Murphy ist es getreu seinem Gesetz *„Anything that can go wrong, will go wrong"* nur eine Frage der Zeit, wann das geschieht. Die Leben spendende Information besiegelt eines Tages auch sein Ende. Diese Art von Leben, wie wir es kennen, wird auf einer aufgeheizten und radioaktiv verseuchten Welt keinen Bestand haben. Das Leben zerstört sich am Ende selbst.

Auch das Universum zerstört sich selbst. So beschreibt es Carlo Rovelli: „Das gesamte Universum verhält sich wie ein Berg, der sacht in sich zusammenstürzt. Wie eine Struktur, die Schritt um Schritt auseinanderfällt. [...] Dabei wird das Universum nicht von Riesenhänden, sondern von sich selbst durchmischt, durch die Wechselwirkung zwischen seinen Teilen, die im Verlauf des Mischens Zug um Zug in Gang oder zum Stillstand kommen."[9]

Alle Zerstörung ist im Grunde Selbstzerstörung.

Der Selbstzerstörung geht ein Aufbau voraus, der eine anderweitige Selbstzerstörung als Vorausset-

---

[9] Rovelli 2018, S. 137.

zung hat. Die Entropiezunahme erfolgt so in einer Kette zusammenhängender Ereignisse.

Die Besonderheit von uns Menschen liegt in unserer Fähigkeit, die Ereignisse zeitlich miteinander zu verbinden und jedem Ereignis eine besondere Bedeutung für uns zuzuschreiben, es besonders zu bewerten.

Dieses ausgeprägte Zeit- und Wertempfinden lässt eine Fülle möglicher Bedürfnisse vor unserem geistigen Auge entstehen, die nach Befriedigung verlangen. Die daraus resultierende, anderen Tieren unbekannte Habgier, mit der wir uns auf die Welt stürzen, um sie in unserem Sinne zu verändern, beschleunigt die Entropiezunahme auf einmalige Weise.

Nicht das begrenzte Verlangen des Magens, sondern der maßlose Appetit des Geistes zerstört unsere Welt.

ENTROPIE

Der Begriff der Entropie entstand mit der Erforschung des Wirkungsgrades einer Dampfmaschine. Nur der kleinere Teil der im Brennmaterial als chemische Energie gespeicherten Gesamtenergie lässt sich in einem Wärmekraftprozess in Arbeitsleistung umsetzen. Der größte Teil der Energie geht als Abwärme verloren, ist also nicht in der Lage, Arbeit zu leisten. Die in offener Verbrennung erzeugte Energie, gespeichert im Heißdampf, kann nur immer zu einem Teil genutzt werden. Die Arbeitsleistung hängt von der Dampftemperatur ab, die im Verlauf der Energienutzung ständig abnimmt, das heißt, der Dampf kühlt am Ende so weit ab, dass ihm keine Arbeitsleistung mehr zu entlocken ist. Die Energie selbst ist zwar noch vorhanden, aber als Wärme entwertet und zerstreut in alle Winde. Diese Entwertung ist unumgänglich. Eine Maschine arbeitet nur so lange, wie Wärme entsteht und abgeführt werden kann. Stoppt der Wärmefluss, stoppt auch der Antrieb.

Aber auch der für die Arbeit verwendete Teil der Gesamtenergie endet irgendwann als Wärmeenergie. Setzt man zum Beispiel eine Dampfmaschine auf einen Wagen, hat man eine Lokomotive, eine sich selbst bewegende Maschine. Die Bewegung in allen Teilen der Maschine findet ihren Widerstand in der Reibung, einer weiteren Wärmequelle. So verlässt schließlich alle in der Kohle gespeicherte Energie das System Lokomotive als Wärmeenergie. Es geht keine Energie verloren; nur ihre Fähigkeit, Arbeit zu leisten, hat abgenommen, was gleichzusetzen ist mit einer Zunahme der Entropie. Es ist also nicht die Energie selbst, sondern ihre abnehmende Fähigkeit, Arbeit zu leisten, ihre Entwertung also, die eine Lokomotive in Gang setzt.

Ein vom Baum gefallener Apfel bleibt nur deshalb auf dem Boden liegen, weil sich beim Fall und beim Aufprall mechanische Energie in Wärme verwandelt, also eine Entropiezunahme erfolgt. Ohne diese würde der Apfel unablässig zurückspringen und niemals zur Ruhe kommen. Deutlich wird das, wenn wir eine gehärtete Stahlkugel auf eine gehärtete Stahlplatte fallen lassen. Deformation und Wärmeentwicklung sind so gering, dass die Kugel sofort wieder nach oben springt, und zwar so lange, bis alle eingebrachte Energie sich in Wärme verwandelt hat. Erst dann bleibt sie unten liegen, erst dann kommt es zu einer vorerst bleibenden Zustandsänderung, einem diskreten Ereignis. Das Universum ist angefüllt mit derartigen Ereignissen, im Kleinen und im Großen, von kurzer und von langer Dauer. Allen gemeinsam ist, dass sie mit einer Entropiezunahme verbunden sind.

Der Präzedenzfall einer Entropiezunahme ist die offene Verbrennung. Nach einer Initialzündung entwertet sich die in Materie, z. B. in einem Stück Kohle, gespeicherte Energie völlig selbsttätig und entweicht als Wärme, die sich unwiederbringlich über die Erdatmosphäre hinaus im Weltall verteilt. Ein Potential hoher Energiedichte vergeht in einem breiten Wärmestrom. Mit der Materie, der Kohle selbst, geschieht Ähnliches. Eine zusammenhängende Masse zerfällt in auseinanderdriftende Gas- und Staubteilchen, aus denen niemals wieder ein Stück Kohle werden kann.

Gott Shiva herrscht gleichermaßen über Energie und Materie und sein Zerstörungswerk ist unumkehrbar.

Die Dialektik der Zerstörung besteht darin, dass sie die Grundlage einer neuen Ordnung bildet. Der Selbstentwertung der Energie im Übergang von niedriger zu höherer Entropie entspringt die Kraft, mit der ein Aufbauprogramm gestartet werden kann.

Wir können die Erzählung der Geschichte des Lebens mit der Entstehung der Sonne beginnen: Gelenkt von der Schwerkraft, ballte niedrige Entropie aus den Tiefen des Universums gewaltige in der Galaxie vorhandene Wasserstoffwolken zusammen. Der Wasserstoff wurde auf immer engerem Raum zusammengepresst und erhitzte sich ab einem bestimmten Punkt so stark, dass es zu einer ersten Kernfusion kam, in deren Fortsetzung er bis heute zu Helium verbrennt. Der Zeit des Aufbaus folgte die Phase eines unaufhaltsamen Zerfalls. Die mit dem Verbrennen des Wasserstoffs, also mit seiner Selbstzerstörung, verbundene Entropiezunahme liefert die Arbeitskraft, die den gewaltigen Arbeitsprozess der Evolution in Gang setzt und das Leben auf der Erde wachsen lässt.

Sonnenstrahlen, also elektromagnetische Wellen, Zerfallsprodukte der Sonne mit niedriger Entropie, treffen auf die Erde und ermöglichen hier das Wachstum der Pflanzenwelt. Die Photosynthese ist eine Arbeitsleistung der Sonne. Aus ihr erwächst eine Quelle niedriger Entropie, die das Leben der Tierwelt ermöglicht, also auch das unsere.

Der vom Zerfall der Sonne gespeiste Energiestrom in Form elektromagnetischer Strahlung lässt sich auch als ein Fluss unterschiedlich großer Energieportionen verstehen. Solche Energiequanten oder Energieteilchen nennt man Photonen. Große Energieportionen, Carlo Rovelli spricht von „heißen“ Photonen, liefern niedrigere Entropie. Kleinere Energieportionen sind das Ergebnis einer Entropiezunahme und daher „kältere“ Photonen. Betrachtet man das Biotop der Erde als Ergebnis einer einzigen Entropiezunahme, so emittiert die Erde auf jedes eintreffende große heiße Photon ein knappes Dutzend kleiner kalter Photonen, ohne dass die Gesamtenergie sich dabei ändert. Bei der Entropiezunahme geht also keine Energie verloren, sie zerfällt vielmehr in kleinere Energieportionen, worin man einen Vorgang der Zerstörung und Entwertung sehen kann.

Insgesamt gesehen ist das Biotop der Erde ein Mechanismus zur Entwertung der einfallenden Sonnenenergie, zur Steigerung der Entropie in einem winzigen Teil des Universums. Alles Wirken der Natur endet mit dem Ausstoß von Wärme, die ins Weltall abstrahlt. Die Energie geht dahin, wo sie einst herkam, und zwar in vollem Umfang. Energie entsteht nicht und verschwindet nicht. Sie bleibt in ihrer Quantität erhalten, während ihre Qualität, das heißt ihre Fähigkeit, Arbeit zu leisten, abnimmt.

Der ungestörte Durchfluss der Energie durch das Erdbiotop hindurch ist die entscheidende Voraussetzung für Leben überhaupt. Wenn nicht alle entstandene Wärme abfließen kann und sich staut, weil sogenannte Klimagase sie daran hindern, ins Weltall abzustrahlen, hat das katastrophale Folgen.

Allgemein lässt sich eine Entropiezunahme so beschreiben: Wertvolle Energie trifft auf Materie, bearbeitet und verändert sie, entkräftet sich dabei und verlässt das Geschehen als wertlose Wärmeenergie. Ein praktisches Beispiel ist der Regenkreislauf des Wassers. „Heiße" Photonen der Sonne treffen auf eine Wasseroberfläche und verdampfen einen Teil des Wassers. Der Dampf steigt auf in kältere Schichten der Atmosphäre und kondensiert dort. Das Wasser fällt als Regen herab zur Erde, während die Energie in Form „kalter" Photonen, also Wärmeenergie, ins Weltall abstrahlt.

Die von der niedrigen Entropie dabei zu leistende Arbeit besteht im Öffnen von Bindungen. Um zu verdampfen, müssen sich einzelne Moleküle aus dem flüssigen oder festen Verband lösen. Das passiert bei praktisch jeder Temperatur; in überschäumendem Maß aber, bei Wasser, erst ab 100 °C.

Zwischenmolekulare Bindungen sind vergleichsweise leicht zu öffnen gegenüber den Bindungen auf atomarer Ebene. Um ein Wassermolekül zu spalten, werden wesentlich „heißere" Energieportionen benötigt. Nennenswerte Mengen Wasserstoff und Sauerstoff entstehen erst bei über 1000 °C.

Das Leben auf der Erde basiert auf stofflichen Veränderungen auf atomarer Ebene. Das heißt, es sind relativ hohe Energiebeträge für einen Umbau der Atome nötig. Ohne solche Stoffe, die auf ganz eigene Weise in der Lage sind, die sogenannte Aktivierungsenergie zu senken und eine Reaktion damit wesentlich zu beschleunigen, gäbe es kein Leben auf der Welt. Man nennt diese Stoffe wie bereits erwähnt Katalysatoren. Das erklärt die Feststellung Carlo Rovellis:

„Leben ist dieses Geflecht aus Wachstumsprozessen von Entropie, die sich wechselseitig katalysieren.“[10]

Der gesamte Stoffwechselprozess des Lebens auf unserer Erde beruht formal auf der Aufspaltung des CO_2-Moleküls in Kohlenstoff und Sauerstoff in der Photosynthese und dessen Rückbildung in der Verbrennung pflanzlicher Stoffe mit dem Sauerstoff der Luft. Das Kohlendioxid, das die Pflanzen einatmen, ist die gleiche Substanz, die wir ausatmen – ein ständiger Kreislauf.

Kohlendioxid steht also nicht nur am Anfang unserer Nahrungskette, sondern auch an deren Ende. Mit der Energie verhält es sich ganz ähnlich; die von den Photonen der Sonne eingebrachte Energie

---

[10] Rovelli 2018, S. 136.

kommt in vollem Umfang als Wärmestrahlung wieder heraus. Materie und Energie bleiben also in ihrer Quantität unverändert. Diese Tatsache verleitet immer wieder dazu, einen endlosen, aus sich selbst gespeisten Arbeitsprozess, ein Perpetuum mobile, für möglich zu halten. Aber eine Arbeitsleistung ist nicht energiegetrieben, sondern entspringt einer Entropiezunahme, in der die Energie sich zunehmend entwertet, das heißt, dass ihre Arbeitsfähigkeit immer stärker abnimmt.

Nicht die Energie selbst, sondern ihre Entwertung ist die treibende Kraft. Ist keine Entwertung, sprich Entropiezunahme, mehr möglich, stehen alle Räder still. Der Stoffwechselprozess des Lebens auf der Grundlage der endlosen Spaltung und Wiederherstellung des CO_2-Moleküls, quasi der Betrieb einer Arbeitsmaschine, ist nur durch die ständige Zufuhr niedriger Entropie der Sonne denkbar.

INFORMATION

Carlo Rovelli sagt: „Die Welt besteht aus Ereignissen, nicht aus Dingen".

„Betrachtet im Licht dessen, was wir aus der Chemie, der Physik, der Mineralogie, der Geologie und der Psychologie wissen, ist auch der härteste Stein in Wahrheit ein komplexes Schwingen von Quantenfeldern, ein momentanes Wechselwirken von Kräften, also ein Prozess, dem es für einen kurzen Augenblick gelingt, in einem sich selbst ähnlichen Gleichgewicht zu verharren, ehe er wieder zu Staub zerfällt."[11]

Entsprechend könnte man sagen: „Alles fließt." Aber es ist kein Fließen im eigentlichen Sinne, sondern ein Schreiten, eine in einzelne Schritte zerteilte fließende Bewegung. Man setzt den zweiten Schritt erst, wenn der erste abgeschlossen ist. Ein Ereignis folgt dem anderen. Das führt zu der Frage, was zwischen den Ereignissen passiert. Dazu auch Carlo Rovelli:

„Lange Zeit haben wir die Welt in Begriffen einer Ursubstanz zu begreifen versucht […] Offenbar

---

[11] Rovelli 2018, S. 85.

verstehen wir deutlich mehr von ihr, wenn wir sie mit Blick auf Beziehungen zwischen Ereignissen begreifen."[12]

Die Welt ist ein Geflecht von Ereignissen. Das Gesamtgeschehen verläuft diffus, verstreut und ungeordnet, die Einzelereignisse bilden ein chaotisches Gedränge. Im Chaos verschwimmen Zeit und Raum und doch ist jedes Einzelereignis sowohl räumlich als auch zeitlich begrenzt. Ähnliches gilt für die an ein Ereignis gebundene Entropiezunahme. Sie vollzieht sich schrittweise und benötigt Zeit, eventuell viel Zeit, denn der Fortgang ist dem Zufall unterworfen. Wann und wo ein Ereignis ein anderes initiiert, ist nicht vorhersehbar.

Auf scheinbar wundersame Art erwuchs aus dem Chaos, aus dem zufälligen Aufeinanderstoßen von Einzelereignissen, ein zusammenhängendes Ereignisgeflecht, das wir Leben nennen. Ohne äußere Einflüsse entsprang dem Chaos eine Ordnung, die darauf hin gerichtet war und ist, die Entropiezunahme zu beschleunigen, und zwar durch Ausschaltung des Zufalls. Letzteres ist die Aufgabe der Information, denn Informationen binden den Zufall – ein geistiger Impuls, der die Materie auf ihre Bahn zwingt. Sieht man darin das große Projekt der

---

[12] Rovelli 2018, S. 87.

Natur, verliert das Leben alles Wundersame und wird zu einer kalkulierbaren Größe.

Das Leben ist ein Prozess, der die Entropie kontrolliert und damit beschleunigt wachsen lässt.

Konkret handelt es sich dabei um die systematische Folge chemischer Reaktionen. Ein Netzwerk chemischer Reaktionen, ein Stoffwechselprozess, in dem die zufällig auftreffende Sonnenenergie in einem festgelegten Programm in Wärmeenergie umgewandelt wird, hält das Leben in Gang.

Dieser große Schritt einer geordneten Entropiezunahme besteht aus unzähligen Einzelschritten, die ihre jeweils eigene Bedeutung haben und damit voneinander getrennt sind, obwohl sie das gleiche Ziel verfolgen. Im räumlich-zeitlichen Sinn ist das Leben eine „diskontinuierliche Kontinuität", eine Kontinuität chemischer Reaktionen, also Ereignissen, die getrennt voneinander ablaufen und sich dabei gegenseitig beeinflussen.

Diese gegenseitige Beeinflussung, diese Beziehung zwischen den Ereignissen wird von Katalysatoren bewerkstelligt. Die Katalyse ist ein Ereignis zwischen den Ereignissen. Man denke an ein Schmiermittel, das allein durch seine Anwesenheit für einen reibungslosen Ablauf sorgen und damit den Verlauf eines Prozesses enorm beschleunigen kann. Der Evolutionsbiologe Andreas Wagner beschreibt den Vorgang so: *„Katalysatoren haben eine bemerkenswerte Eigenschaft: Von Wärme – dem unaufhörlichen Stoßen und Schwingen der Atome und Moleküle – angetrieben, ordnen sie andere Moleküle so an, dass deren atomare Bestandteile in Kontakt treten und reagieren können, während sie selbst sich das Ganze von oben herab ansehen und durch die Reaktion nicht verbraucht werden."*[13]

Katalysatoren ordnen die Reaktionsfolge, ebnen und weisen der Entropiezunahme den Weg. Dabei geht die Information, die der Ordnung und Lenkung zugrunde liegt, allein aus der äußeren Struktur des Katalysators hervor.

Die Struktur eines Katalysators prägt die Information, die er trägt; und so starr die Struktur ist, so starr ist der Befehl, der von ihr ausgeht. Die Eindeutigkeit einer Struktur samt der ihr zugrundeliegenden Information begründet den autonomen und spontanen Charakter des Lebensprozesses, beweist dessen Selbstbestimmung in der Ausführung eines Plans.[14]

---

[13] Wagner, Andreas: Arrival of the Fittest. Frankfurt am Main 2015: S. Fischer, S. 74.

[14] Monod, Jacques: Zufall und Notwendigkeit. Philosophische Fragen der modernen Biologie. Vorwort von Manfred Eigen, München 1996: Piper.

Die Entropiezunahme, der große Plan der Natur, erfüllt sich im Zusammentreffen einer Quelle niedriger Entropie mit geeigneten Rohstoffen zum Aufbau geordneter Strukturen und der gleichzeitigen Anwesenheit eines passenden Katalysators. Kurz gesagt, beruht alles Leben auf der ineinander verflochtenen Trinität von Entropie, Materie und Information.

Diese Trinität ist nicht nur Träger des Lebens, sondern liegt auch dem Entstehungsakt zugrunde. Die Kraft der Sonne und die richtungweisende Struktur eines Katalysators haben tote Materie zum Leben erweckt. Dadurch, dass der Zufall es war, der diese drei Komponenten zusammengetragen hat, wird er zum Schöpfer des Lebens.

Am Anfang des Lebens, als Initialzündung, steht der Zufall in völliger Entscheidungsfreiheit. Alles Nachfolgende ist darauf gerichtet, ebendiesem Zufall zu entkommen und das Reaktionsgeflecht des Lebens in einen eindeutigen Verlauf, das heißt in eine starre Ordnung zu zwingen, denn nur sie sichert die Kontinuität des Lebensprozesses und die Erfüllung des Lebensplanes – die Schaffung von Unordnung als Ausdruck einer Entropiezunahme.

Je umfassender und komplexer die Ordnung wird, je mehr Reaktionen zusammengeschaltet sind, umso schneller wächst die Entropie, allerdings verbunden mit der Gefahr des Zerfalls, eines mit seiner Ausweitung immer labiler werdenden Konstruktes. Kleine, zufällige Störungen genügen am Ende, um alles zunichtezumachen. Der Ordnung folgt die Unordnung, das Chaos, aus dem nur der Zufall wieder einen Ausweg findet.

Jeder neue Lebensabschnitt beginnt mit einem Zufallsereignis. Ein Samenkorn findet den notwendigen Lebensraum oder nicht. Gelingt ihm das, übernimmt sofort wieder die Information das Kommando und treibt die Entwicklung ins nächste Chaos. So wechseln sich Ordnung und Unordnung ständig ab. Die Ordnung entspringt dabei dem Zufall, die Unordnung der Information. Jede Innovation, jeder Versuch, mehr Ordnung zu schaffen, ist ein Schritt in Richtung von mehr Unordnung. Das Ausmaß der Unordnung ist stets größer als das Ausmaß der aus ihr hervorgehenden Ordnung. Die Gesamtbewegung ist so immer mit einer Entropiezunahme verbunden.

EVOLUTION

Der Medizinnobelpreisträger Jacques Monod stellt fest: „Die Evolution in der belebten Natur ist also ein notwendig unumkehrbarer Prozess, durch den eine Richtung in der Zeit festgelegt wird: die Richtung ist die gleiche, wie sie durch das Gesetz der zunehmenden Entropie, das heißt: durch den Zweiten Hauptsatz der Thermodynamik, vorgeschrieben wird.“[15]

Die Entropiezunahme ist die treibende Kraft der Evolution. Informationen zeigen ihr den Weg. Verschiedene Informationen weisen verschiedene Wege. Gesucht ist der Weg, der am schnellsten zum Ziel führt, das heißt die Entropiezunahme am stärksten beschleunigt.

Alles begann und beginnt immer wieder aufs Neue mit dem Auftreffen elektromagnetischer Strahlung unterschiedlichster Frequenz auf unbelebtes, aber auserwähltes Material der Erde, das in einem Umwandlungsprozess zu einem Teil des Lebendigen wird. Ob eine Stoffumwandlung, also eine chemische Reaktion, stattfinden kann, hängt zunächst

---

[15] Monod 1996, S. 113.

davon ab, ob die Kraft, die ein Photon im Gepäck hat, reicht, um sich Zugang zu besagtem Stoff zu verschaffen, dort Bindungen aufzubrechen, damit neue Bindungsverhältnisse entstehen.

Geht man von einem Schwarm Photonen unterschiedlichster Stärke aus, die den Stoff treffen, wird immer nur ein Teil davon erfolgreich sein können. Je kleiner dieser Teil ist, umso weniger Reaktionen wird es geben. Ist ein Katalysator zugegen, der die Information in sich birgt, den Zugang zu erleichtern, wird es entsprechend mehr Reaktionen geben und der Gesamtprozess erfährt eine Beschleunigung. Alles hängt vom Katalysator ab, der, ebenso wie ein Schlüssel allein durch seine besondere Passform ein schweres Tor zu öffnen vermag, in der Lage ist, stabile Verbindungen aufzubrechen und eine Neuordnung der Atome, einen Stoffwechsel, einzuleiten.

Die verschiedenen Katalysatoren sind in Verbindung mit unterschiedlichen Materialien zufällig über die Welt verteilt. In jeder besonderen Situation entstehen besondere Netzwerke chemischer Reaktionen, die unterschiedlichste Reaktionsprodukte hervorbringen, die als Bausteine des Lebendigen dienen – oder nicht. Der Lebensprozess wählt aus einer chaotischen Vielfalt chemischer Reaktionen.

Verschiedene Katalysatoren wirken also unterschiedlich, einer fördert den Materialumsatz besser als der andere. Der beste wird eine gegebene Materialmenge am schnellsten umgesetzt haben und das aus dieser Reaktion hervorgegangene Endprodukt wird reichlicher vorhanden sein als das der konkurrierenden Katalysatoren. Es behauptet sich die Information, die den Stoffumsatz und mit ihm die Entropiezunahme am schnellsten voranbringt; ihr gehört die Zukunft.

Die Selektion entscheidet nach dem Grad der Entropiezunahme.

Solange die Bereitstellung der Katalysatoren dem Zufall überlassen blieb, war ein kontinuierlicher Lebensprozess nicht möglich. Erst als der erste Stoffwechselprozess in der Lage war, seine Katalysatoren selbst herzustellen, begann Leben im heutigen Sinn. Mit der Entwicklung der Autokatalyse gelang der Natur der entscheidende Schritt zu einer gesicherten und stetigen Entropiezunahme. Die in Eigenregie hergestellten Katalysatoren sind Makromoleküle aus der Stoffklasse der Proteine, die man Enzyme nennt.

Der autokatalytische Stoffwechsel entstand wie das gesamte Gebäude der Evolution durch Selbstorganisation. Andreas Wagner bemerkt dazu: *„Selbstorganisation schafft die mikroskopisch kleine Symmetrie einer*

Schneeflocke und die wirbelnden Wolken eines Hurrikans, die wechselnden Formen der Sanddünen und die zeitlose Schönheit der Kristalle. Dass wir Selbstorganisation in den Vorstufen des Lebens finden, sollte uns nicht wundern, denn sie ist auch sonst überall.“[16]

Die Selbstorganisation der Evolution basiert auf dem Lernprozess von Versuch und Irrtum. Es brachen unendlich viele Gestaltungsansätze vorzeitig ab, bis ein sich selbst tragendes Netzwerk chemischer Reaktionen entstand, das nicht nur die benötigten Katalysatoren selbst herstellt, sondern auch ein dazu gehöriges Erfahrungsgedächtnis angelegt hat, in dem der ganze Entstehungsprozess aufbewahrt ist und das eine Wiederholung ermöglicht.

Als Informationsspeicher fungiert eine weitere Klasse biologischer Makromoleküle, die sogenannten Nukleinsäuren. Die Abkürzung der Desoxyribonukleinsäure, DNS oder DNA, ist inzwischen jedermann bekannt, so wie das Wort Gen, mit dem ein Teilstück des gewundenen Riesenmoleküls gemeint ist, das eine bestimmte Information in sich birgt.

Die DNA enthält das Programm zur Steuerung einer Fülle chemischer Reaktionen, sie steht für einen bestimmten Stoffwechselprozess, dessen

---

[16] Wagner 2015, S. 87 f.

Wiederholung und quantitative Ausweitung zu der angestrebten Entropiezunahme führt.

Angestrebt wird höchste Präzision in der Informationsübertragung, denn der sich einmal als tauglich erwiesene Prozess soll als solcher in möglichst vielen Exemplaren seine Aufgabe erfüllen. Eine nahezu invariante Vervielfältigung gründet auf der Fähigkeit des DNA-Moleküls, sich selbst zu verdoppeln. Dazu baut es von sich selbst zunächst eine komplementäre Struktur, einen Abdruck als Vorlage für eine präzise Kopie der Ausgangsstruktur.

Aus Gleichem entsteht immer nur Gleiches, das sich gegenseitig hemmt und selbst zum Stillstand bringt. Deshalb ist das Leben verpflichtet, sich nicht nur quantitativ, sondern auch qualitativ zu entwickeln. Das heißt, es muss nicht nur das Altbewährte erhalten, es muss gleichzeitig Neues hervorbringen und ausprobieren. Es muss in der Lage sein, sich wechselnden Lebensverhältnissen anzupassen, die der Zufall ins Spiel bringt. Für den Stoffwechsel bedeutet das, er muss einer geänderten Versorgungslage angepasste Enzyme bereitstellen, zu deren Herstellung der Genapparat die entsprechenden Informationen liefert. Kann er das nicht, reißt der Lebensfaden.

Für das um den Stoffwechsel geordnete Leben bedeutet das, einen Informationsvorrat aufzubauen, der ein Zufallsereignis zu beherrschen vermag. Welche Informationen das Vermögen dazu besitzen, ist nicht vorhersehbar. Das Leben antwortet auf dieses Dilemma, indem es der Zufälligkeit der Rohstoffversorgung über den Zufall erzeugte Informationen entgegensetzt. Das Leben spielt Roulette mit seiner Umwelt. Das bringt Jacques Monod zu der Feststellung: *„Der reine Zufall, nichts als der Zufall, die absolute, blinde Freiheit als Grundlage des wunderbaren Gebäudes der Evolution – diese zentrale Erkenntnis der modernen Biologie ist heute nicht mehr nur eine unter anderen möglichen oder wenigstens denkbaren Hypothesen; sie ist die einzig vorstellbare, da sie allein sich mit den Beobachtungs- und Erfahrungstatsachen deckt."*[17]

Als Zufallsquelle fungiert der genetische Apparat selbst. Bei der sogenannten Replikation, der Verdopplung und Weitergabe des Gencodes, dringen durch zufällige Ablesefehler neue Genvarianten, also neue Informationen ins System. Dem Zufall folgt die Selektion. Sie entscheidet über die Ausbreitung der Information im Genpool der Art, je nachdem inwieweit sie der Bewältigung einer aktuellen zufälligen Lebenssituation dient.

Die bei der Replikation auftretenden Fehler entstammen Elementarprozessen mikroskopischer

---

[17] Monod 1996, S. 106.

Art, die auf makroskopischer Ebene, auf der Ebene der Organismen, als Mutationen sichtbar hervortreten. Die auf der Mikroebene generierte Information formt die Materie der Makroebene. Der Stoffwechsel, angetrieben von niedriger Entropie und gesteuert vom Algorithmus eines Genoms, baut ein geordnetes System um sich selbst und aus sich selbst heraus, aus den Bausteinen, die er formt. Dieses sich selbst organisierende Wesen hat die Funktion einer Arbeitsmaschine, mit deren Hilfe sich der in ihrem Innern befindliche Stoffwechsel die Rohstoffe beschafft, die er zum Selbsterhalt benötigt.

Alle lebendigen Arbeitsmaschinen bearbeiten die Natur vorrangig zum Selbsterhalt und zur Beschaffung neuer Arbeitsmaschinen.

Ordnung existiert nur temporär auf dieser Welt, immer wieder zerfällt sie in Unordnung. Was für die Materie gilt, gilt jedoch nicht für die geistige Information, sie überlebt, wenn rechtzeitig eine Kopie hergestellt wurde, aus der die alte Ordnung sich immer wieder erneuert. Mit jeder Auferstehung oder Wiedergeburt wächst dabei die Chance, dass durch Kopierfehler echte Innovationen in die Welt kommen, das heißt Mutanten aufwachsen, die die zentrale Aufgabe, nämlich die Eigenversorgung mit Rohstoffen, besser erledigen als ihre Vorgänger. Je mehr Kopien in immer kürzerer Zeit entstehen, umso besser gelingt einer Population von Arbeitsmaschinen respektive Organismen die Anpassung an geänderte Rahmenbedingungen. Je umfangreicher die Zufallsquelle auf der Mikroebene sprudelt, umso wahrscheinlicher ist es, dass die Selektion auf der Makroebene einen Mutanten hervorhebt, der dem Stoffwechsel insgesamt einen neuen Schub zu versetzen vermag.

Eine verbesserte Anpassungsfähigkeit erhöht die Reproduktionsrate und mit dieser die Wahrscheinlichkeit, dass es zu einer gelungenen Innovation kommt, die über den Umweg einer verbesserten Rohstoffversorgung nochmals die Reproduktionsrate steigert. Das heißt, der Vorgang verläuft kumulativ und progressiv. Die Evolution führt zu immer mehr und zu immer leistungsfähigeren Organismen, die den gesamten Stoffwechsel des Erdbiotops schrittweise beschleunigen.

Die Rohstoffverarbeitung auf der Mikroebene und die Rohstoffbeschaffung auf der Makroebene bilden zwei getrennte Ereignisfelder. Letztere ging durch Informationsausweitung aus Ersterer hervor und bleibt deshalb in der Reichweite des ursprünglichen Steuerungssystems. Die im genetischen Apparat der Mikroebene gespeicherten Informationen bestimmen über Formen, Funktionen und auch

Verhaltensweisen aller Objekte des makroskopischen Teils des Lebens.

Bei der Verhaltenssteuerung sind Einschränkungen zu machen, hierfür arbeiten die Gene viel zu langsam. Das Verhalten spielt sich in zeitlichen Größenordnungen von Sekunden und Bruchteilen von Sekunden ab. Um dem gerecht zu werden, entwickelten sich zunächst ganz langsam, dann in immer rascherem Tempo das Zentralnervensystem und das Gehirn. Damit schuf sich der genetische Apparat eine zweite Verbindung zur Makroebene, die eine schnellere Reaktion auf wechselnde Umweltverhältnisse ermöglichte. Er steigerte zunehmend die Autonomie der Organismen im Umgang mit ihrer Umgebung. Mit einem höheren Organisationsniveau der Organismen hängen deren Überleben und deren Reproduktion zunehmend vom eigenen Verhalten ab. Gleichzeitig werden diese aber um so rückhaltloser an die zentrale Aufgabe gebunden, über den eigenen Stoffwechsel die Entropiezunahme zu beschleunigen. Die Emanzipation der Organismen von ihren eigenen Genen hat klare Grenzen. Der Evolutionsbiologe Richard Dawkins schreibt: *„Dadurch, daß die Gene diktieren, auf welche Weise die Überlebensmaschinen und ihre Nervensysteme gebaut werden, üben sie die entscheidende Macht über das Verhalten aus. Aber die von einem Augenblick* *zum anderen zu treffenden Entscheidungen über das, was als nächstes zu tun ist, trifft das Nervensystem."*[18]

Dessen Funktionieren wird umso wichtiger, je mehr die Konkurrenzsituation im Streben nach Nahrung zunimmt, auf die es trifft. Mit ihr kommt es zu einem Wettrüsten der Gehirne um die wirkungsvollsten Informationen zur Nahrungsbeschaffung. Das Wettrüsten ist ein energiezehrender Arbeitsprozess und bessere Ernährung erlaubt eine komplexere Informationsverarbeitung. Eine verbesserte Informationslage sorgt für mehr Erfolg bei der Nahrungsbeschaffung. So kommt es zu einem kumulativen Prozess der gegenseitigen Anhäufung von Energie und Information. Im Ergebnis treibt jeder Entwicklungsschritt die Arbeitsleistung eines Organismus und mit ihr die Entropiezunahme voran.

Die besondere Leistungsfähigkeit seines Gehirns, insbesondere die Fähigkeit, kreativ zu denken, hat den Menschen zum Herrscher der Welt gemacht, zum wahren Stellvertreter des Gottes Shiva des Zerstörers. In unseren Köpfen sind die Informationen geboren, die die Welt entscheidend verändert haben.

---

[18] Dawkins, Richard: Das egoistische Gen, Jubiläumsausgabe, Heidelberg 2007: Spektrum Akademischer Verlag, S. 123.

Die in diesem Sinne herausragendste Leistung des Menschen ist die Beherrschung des Feuers – mit fatalen Folgen für unser aller Zukunft. Wir sind im Begriff, das sich im Verlauf der Erdgeschichte herausgebildete Gleichgewicht zwischen Pflanzen und Pflanzenfressern bleibend zu zerstören. Gemeint ist damit der ständige Ausgleich der Aufbauleistung der Sonne und deren Zerfall im Magen der Tiere, also auch in unserem – also der Weg einer Entropiezunahme über Aufbau und Zerfall. Mit der Gewalt des Feuers drängen wir die Pflanzenwelt immer mehr zurück, zugunsten eines ungezügelten Wachstums der Menschheit. Dabei zerstören wir die Grundlage unserer Existenz und feiern das Ganze als eine besondere Leistung menschlichen Geistes.

KULTURELLE EVOLUTION

Jeder Organismus, vom kleinsten Bazillus bis zum größten Elefanten, lebt von seiner Umwelt und jeder hat das gleiche Ziel, nämlich zu wachsen und sich zu vermehren. Weil alle bereit sind, für dieses Ziel zu kämpfen, ist die Umwelt für alle Nahrungsquelle und Kampfplatz zugleich – ein Dilemma, aus dem es kein Entrinnen gibt, außer im Traum vom Paradies. Ein allseitiger Konkurrenzkampf bestimmt das Leben und der Konkurrenzdruck steigt, je ähnlicher sich die Organismen sind, das heißt, je mehr sie die gleiche Nahrungsquelle nutzen.

Leben wollen heißt kämpfen müssen.

Gewinner ist zunächst der Stärkste oder der Schnellste oder ein andermal der Ausdauerndste. Aber alle diese physischen Leistungen haben eine natürliche Grenze. Geistige Leistungen hingegen, wie etwa die List, scheinen keine Grenze zu kennen. Grundlage jeder geistigen Leistung sind die aktuell verfügbaren Informationen. Lebensentscheidend ist also letztlich der Besitz der richtigen Information zur rechten Zeit am rechten Ort.

Das alles entscheidende Zusammentreffen von Information, Zeit und Ort bezieht sich immer auf ein zukünftiges, ein zu erwartendes Ereignis und bleibt damit dem Reich des Zufalls verhaftet. Die Antwort des Lebens auf dieses Problem besteht in der Anlage eines Erfahrungsgedächtnisses, auf der Grundlage eines Lernprozesses aus Versuch und Irrtum.

Jeder von gespeicherten Informationen gelenkte Schritt ist ein Wagnis. Das vorprogrammierte Verhalten muss der vorgefundenen Realität entsprechen, sonst droht das Aus. So schafft die Selektion die Voraussetzungen für den Aufbau eines leistungsfähigen Informationsspeichers. Sie beruht auf einer Negativauslese, sie unterdrückt den Teil der durch Mutation zufällig entstandenen Informationen, die der Realität nicht standhalten. Der Genpool der belebten Welt ist das Erfahrungsgedächtnis aller nützlichen Erfahrungen eines über Milliarden Jahre andauernden Experimentierens auf der Grundlage von Versuch und Irrtum. Das Leben fußt damit auf empirisch gesichertem Wissen und es hat dieses Wissen in unzähligen Exemplaren einer DNA abgelegt.

Auf die gleiche Weise entstand in den vergangenen mehr als 400 Millionen Jahren mit dem Gehirn der Wirbeltiere ein weiteres Erfahrungsgedächtnis. Es speichert und verwertet die guten oder schlechten Erfahrungen, die ein Tier im Laufe seines Lebens macht. Gehirn und Zentralnervensystem bilden eine Informationsquelle neben der genetischen Information. Das ermöglicht dem einzelnen Individuum die schnellere Reaktion auf die Ereignisse seiner unmittelbaren Umgebung. Das artspezifische Verhalten der Tiere bleibt von den genetischen Informationen bestimmt; Instinkte und Reflexe sind völlig vorprogrammiert.

Der Besitz eines Gehirns erlaubt es der Tierwelt, die Pflanzenwelt als Nahrungsquelle auszubeuten. Tiere zerstören und verdauen Pflanzen und beschleunigen damit die Entropiezunahme im Biotop Erde.

Die Besonderheit des menschlichen Gehirns liegt in der Entwicklung eines selbstreflexiven Bewusstseins, mit dem wir uns selbst als virtuelle Akteure in Zeit und Raum erleben. Daraus erwächst uns eine Vorstellungskraft, die uns vom Gegebenen, dem Vergangenen und Gegenwärtigen, zu dem führt, was wir erahnen und gedanklich erschließen können. Wir können uns die Zukunft einbilden und eine Welt nach unserem Bilde erschaffen. Das Entscheidende an dieser fiktiven Welt ist, dass wir damit die Möglichkeit bekommen haben, die reale Welt zu simulieren.

Der praktische Nutzen dieser Möglichkeit ist offensichtlich: Das konkrete Probieren braucht viel Zeit und Energie. Vor allem ist es gefährlich, unter Umständen lebensgefährlich. Simulation beschleunigt den Lernprozess und macht ihn sicherer. Lebewesen, die diese Fähigkeit besitzen, sind anderen einen riesigen Schritt voraus. Menschen haben diesen Vorteil sofort genutzt und alle anderen Großtiere mehr oder weniger ausgerottet. Je erfolgreicher sie jedoch als Jäger wurden, umso schneller ging ihnen ihre Nahrungsgrundlage verloren. Das Wachstum brach ein und eine Innovation musste her, die den Lebensprozess in Gang hielt und letztlich sogar noch beschleunigte.

Das geschah im Nahen Osten vor etwa elftausend Jahren mit der Begründung des Ackerbaus und der Domestizierung von Haustieren. In diesem Wandel vom Nomadenleben zum dörflichen Ackerbau sieht man allgemein den Übergang von der biologischen zur kulturellen Evolution, dem Beginn vom „*Aufstieg des Menschen*"[19].

Der Eindruck, dass dieser Sprung nach vorn nicht dem Wohle des Menschen diente, sondern eher der Zeitpunkt der Vertreibung aus dem Paradies gewe-

---

[19] Bronowski, Jacob: Der Aufstieg des Menschen. Stationen unserer Entwicklungsgeschichte, Frankfurt a. M./Berlin/Wien 1976: Ullstein.

sen sein muss, drängt sich beim Lesen von Yuval Noah Hararis Charakterisierung dieser epochalen Wende auf: *„Mit der landwirtschaftlichen Revolution nahm zwar die Gesamtmenge der verfügbaren Nahrung zu, doch die größere Menge an Nahrungsmittel bedeutete keineswegs eine bessere Ernährung oder mehr Freizeit. Im Gegenteil, die Folgen waren eine Bevölkerungsexplosion und die Entstehung einer verwöhnten Elite. Im Durchschnitt arbeiteten die Bauern mehr als die Jäger und Sammler und bekamen zum Dank eine ärmere Kost.“*[20]

Der gesamte Verlauf der kulturellen Evolution steht im Zeichen dieses Betrugssystems. Eine *unsichtbare Hand* zwingt uns auf einen Wachstumspfad, der mit jeder Innovation zunächst eine Erleichterung verspricht, am Ende den Weg aber immer steiler und beschwerlicher werden lässt. Denn mit jeder Innovation steigt unsere Kompetenz, die Umwelt für uns nutzbar zu machen, und das heißt nichts anderes, als sie zu zerstören, langsam, aber sicher. Die Entwaldung des Mittelmeerraumes ist ein Beispiel dafür. Was zunächst vielversprechende Kornkammern waren, waren später Steinwüsten, in denen das Leben eine einzige Plackerei ist. Wie gesagt: Der Unordnung geht Ordnung voraus, dem Wachstum folgt der Zerfall. Je üppiger das Wachs-

[20] Harari, Yuval Noah: Eine kurze Geschichte der Menschheit, 7. Auflage, München 2015: Pantheon, S. 104.

tum, umso tiefer der nachfolgende Einbruch. Dieser Mechanik entkommen wir nicht.

Die unsichtbare Hand, wir kennen sie inzwischen, ist keine andere als die Hand Shivas des Zerstörers. Er verfolgt seinen Herrschaftsanspruch mit Macht. Die zentrale Technik der Machtausübung ist die Erzeugung von Angst. Neben der bei allen Tieren bereits vorhandenen auf eine reale Bedrohung gerichteten Furcht fühlt der Mensch eine tiefe, sein ganzes Dasein erschütternde Todesangst. Sie entsteht immer wieder neu aus seiner in die Zukunft gerichteten Vorstellungskraft, die ihn mit seiner prekären Situation in der Welt konfrontiert und vor allem seine Endlichkeit bewusst werden lässt. Diese dem Menschen eigene Angst trifft auf eine von innen gesteuerte Gier, die wir aus unserer animalischen Vergangenheit in uns tragen und die auf die Befriedigung unserer primären Bedürfnisse drängt.

Dieser Gegensatz zwischen vorwärtsdrängender Gier und einer zurückweichenden Angst steht im Mittelpunkt unserer menschlichen Existenz. Er bestimmt das Grundverhältnis der Menschen zueinander; er trennt sie in Herren und Knechte. Diejenigen, die Kopf und Kragen riskieren und rücksichtslos und auch erfolgreich ihrer Gier folgen, geraten automatisch an die Spitze eines Kollektivs aus überwiegend Zögerlichen und Ängstlichen.

Obwohl die physische Gewalt letztlich bei der Mehrheit liegt, unterwirft sie sich willenlos der Gewalt ihrer Führung. Es scheint paradox, aber je massiver die Gewaltandrohung – bis hin zur Todesdrohung – ist, umso sicherer fühlt sich der Einzelne im Gefolge der Macht und umso stärker bindet er sich an sie. Die Tötungsgewalt der Mächtigen erzeugt in der Gruppe ein Gefühl der Geborgenheit und Stärke. Der von Angst besessene Mensch empfindet die Gewalt der Macht als Freiheit,[21] als Befreiung von der unerträglichen Last der Angst. Das Konzept Shivas des Zerstörers geht auf:

Die Gier der Mächtigen und die Angst der Ohnmächtigen bilden den Kern der zerstörerischen Kraft eines Kollektivs.

Die akute Angst um ihre materielle Existenz raubt den Menschen den Verstand. Besinnungslos verschmelzen sie in einem Reflex der Selbstrettung mit ihrer Führung zu einem Gewaltpotential, das auf Entladung, auf Zerstörung drängt. Die Zerstörungsgewalt richtet sich auf das gegnerische Kollektiv, das den gleichen Lebensraum als Nahrungsquelle benötigt. Ziel ist die Vernichtung des Geg-

---

[21] Entsprechend Heiner Müller: *„Es gibt einen Grad der Unterdrückung, der als Freiheit empfunden wird."* Zitiert nach Soboczynki, Adam: Made in China, in: „Die Zeit" vom 2. April 2020, Nr. 15, S. 45.

ners. Die eigene Existenz steht in einem unüberbrückbaren Gegensatz zur Existenz des anderen.

Wer leben will, muss töten.

Der tiefe Grund hierfür liegt in der Endlichkeit der Welt, auf der das Leben in seiner Vielfalt jeden Winkel besetzt hält. Quelle allen Wachstums ist die niedrige Entropie der Sonne, die in etwa gleichbleibender Intensität auf die Erde trifft und über die Photosynthese und eine begrenzte Pflanzenwelt ein begrenztes Nahrungsangebot bereithält. Das Wachstum auf der Erde insgesamt ist also begrenzt; wenn neues Leben entsteht, muss altes weichen. Entsprechend schrumpfte mit dem Auftauchen der Tierwelt die Pflanzenwelt, und zwar zunächst nach der einfachen Logik: je mehr Tiere, umso weniger Pflanzen. Bei einem begrenzten Nahrungsangebot heißt das, für immer mehr Mäuler werden die Nahrungsrationen immer kleiner. Es kommt zu einem unweigerlichen Einbruch in der Tierpopulation, und zwar so weit, bis einer bestimmten Menge Pflanzen eine bestimmte Anzahl Tiere gegenübersteht, also ein Gleichgewicht existiert.

Das Gleichgewicht ist ein dynamisches Gleichgewicht, mal sterben überwiegend die Pflanzen, mal die Tiere. Das führt sowohl unter den Pflanzen als auch unter den Tieren, jeweils im eigenen Lager, zu einer unerbittlichen Konkurrenz darum, wer überlebt und wer stirbt. Allgemein gesprochen, ohne die näheren Umstände zu berücksichtigen, ist das der „Fitteste". In der Welt der Tiere ist es der körperlich und/oder geistig Fitteste. Er ist es, der überlebt, während sein Konkurrent stirbt.

Einen besonderen Stellenwert hat die Konkurrenz unter Gleichen, das heißt unter denen, die die gleiche Nahrungsquelle anzapfen. Auch wenn sie vordergründig Partner sind und sich gegenseitig helfen, ist der Tod des einen grundsätzlich der Überlebensvorteil des anderen. Carl Schmitt formuliert es so: *„Der Andere erweist sich als mein Bruder, und der Bruder erweist sich als mein Feind."*[22] Jeder achtet eifersüchtig zuerst auf seinen Nebenmann, auf seinesgleichen, der keinerlei Vorteile haben darf. Das Streben nach Gleichheit wird zum Zwang, der zum Beispiel die Blutrache speist. Es geht dabei um den Ausgleich der Kopfzahl konkurrierender Gruppen des gleichen Lebensraumes. Eine Überzahl der jeweils anderen darf nicht geduldet werden, weil sie die eigene Gruppe in Lebensgefahr bringt. Aus einer Blutrache wird leicht ein Krieg, der zu einer Dezimierung beider Seiten führt, sodass den Überlebenden wieder genügend Ressourcen zur Verfü-

---

[22] Zitiert nach Han, Byung-Chul: Topologie der Gewalt, 2. Auflage, Berlin 2012: Matthes & Seitz, S. 66.

gung stehen und eine allgemeine Wachstumsphase die Folge ist.

Jedes Wachstum stößt unweigerlich an seine Grenzen.

Jedes Wachstum provoziert einen Nahrungsmangel.

Nahrungsmangel bedeutet Tod. Die Frage ist, wen trifft der Tod zuerst. Trifft er die eigene Gruppe oder gelingt es, andere, Schwächere in den Tod zu schicken und sich deren Lebensraum anzueignen? Weil die körperliche Kraft bei den Menschen ziemlich gleichmäßig verteilt ist, hat zunächst die Gruppe den Vorteil, die die meisten Krieger zur Verfügung hat. Das provoziert einen Wachstumszwang, der die nächste Krise vorbereitet.

Die Völker hatten den längsten Bestand, die das Problem der Überbevölkerung im Innenraum lösten, das heißt Mechanismen entwickelten, die eigene Bevölkerungszahl mit dem Nahrungsangebot in Einklang zu halten. Aus dieser Sicht bekommt der Bau von Pyramiden eine besondere Bedeutung. Er dezimierte und selektierte die eigene Bevölkerung. Es waren Orte, an denen die Menschen sich zu Tode schufteten. Nur die Stärksten überlebten, alles Schwache wurde ausgemerzt. Andere Pyramiden waren *Opfer*stätten, auf denen Menschen in

Massen getötet wurden. Auch der Bau der Chinesischen Mauer war eine Einrichtung zur Vernichtung überschüssigen Lebens. Wer dorthin verbannt wurde, kehrte nie zurück, er wurde dem Gemeinwohl *geopfert.*

Diese Praxis und die Mauer selbst verweisen auf den defensiven Charakter der chinesischen Überlebensstrategie. Es war für China deshalb auch in jüngster Zeit selbstverständlich, den beabsichtigten „großen Sprung nach vorn“ mit einer Geburtenkontrolle zu verbinden. Die Geschichte der westlichen Hemisphäre ist dagegen ein einziger Eroberungsfeldzug, der ständige Versuch, die eigenen Probleme auf andere abzuwälzen. Das eigene Wachstum, der eigene Aufstieg beruht vor allem auf der Vernichtung des fremden Anderen – bis heute.

Die Zerstörungsgewalt und der Zerstörungswille der abendländischen Kultur waren der chinesischen weit voraus und erhielt deshalb den Segen Shivas des Zerstörers zur Eroberung und Plünderung Chinas im 19. Jahrhundert. Das Blatt scheint sich zu wenden, nachdem China sich des immensen Zerstörungspotentials des Kapitalismus bemächtigt hat.

Der Kapitalismus steht am vorläufigen Ende einer Entwicklung, die mit der Herstellung des ersten

Steinwerkzeugs begann. Im Zusammenspiel von Hirn und Hand bildete der Mensch eine besondere Befähigung zur Nahrungsbeschaffung heraus. Zusammen mit dem Gebrauch und der Fertigung nützlicher Artefakte entwickelte sich sein Gehirn in Bezug auf die Speicherung und Verarbeitung nützlicher Informationen. Dieses daraus hervorgegangene und aus sich selbst immer weiterentwickelnde Know-how verschafft dem Menschen die Möglichkeit, immer tiefer in die uns umgebende Natur einzudringen, um sie durch eigene Tätigkeit in für uns nützlicher Weise zu verändern.

Nützlich ist alles, was dem Fortbestand und der Ausbreitung der Gattung Mensch dient und den dazu erforderlichen Nahrungsvorrat sichert und erweitert. Dieser Prozess ist ein stufenweiser, wobei jede Stufe einer Innovation entspricht. Jede größere oder kleinere Innovation entstammt dabei dem Versuch, den Zufall zu binden, das Leben sicherer zu machen und der nächsten Hungerkatastrophe vorzubeugen.

Ein gewaltiger Schritt, eine geradezu epochale Innovation war die Erfindung der Landwirtschaft. Der Mensch sicherte sich damit den direkten Zugriff auf die einzige Nahrungsquelle, die wir haben, die niedrige Entropie der Photosynthese. Verbunden war dieser „Fortschritt“ allerdings mit einem hohen Preis, nämlich mit der Notwendigkeit zu arbeiten. Es entstand ein offensichtlicher, allen bewusster Zusammenhang zwischen Nahrung und Arbeit.

Arbeit bedeutet das zielgerichtete Zusammenspiel von Arbeitskraft und Information. Der Mensch bearbeitet die Natur und gebraucht dazu Hand und Hirn mit dem Ziel der Nahrungsbeschaffung. Die Naturbearbeitung ist ein Umformungsprozess von Materie. Die Materie selbst bleibt erhalten, sie bekommt nur eine neue Gestalt; aus einem Urwald wird zum Beispiel ein Acker. Es entsteht ein nützliches Artefakt des Menschen bei gleichzeitiger Zerstörung eines Gliedes in der langen Kette aufeinander abgestimmter Lebensprozesse der Natur. Die Leistungsfähigkeit des Gesamtsystems als Nahrungsquelle sinkt, es wird entwertet, seine Entropie nimmt zu. Ein Vergleich der biologischen Vielfalt eines Urwaldes mit der zum Beispiel eines Maisfeldes macht den mit der Umformung verbundenen Wertverlust jedermann deutlich.

Die Bearbeitung der Natur ist ein Prozess ihrer Entwertung.

Wir arbeiten und entwerten unsere Umwelt, während die Sonne über die Photosynthese daran arbeitet, das, was die Tierwelt an Nahrung entnimmt, immer wieder nachzuliefern. Die Sonne wertet das

Biotop immer wieder auf, sie stellt die niedrige Entropie zur Verfügung, die wir zum Leben brauchen. So liefert ein begrenztes Biotop, je nach Leistungsfähigkeit, eine bestimmte Menge Nahrung. Bleibt das Verlangen der Bewohner eines Biotops nach Nahrung im Rahmen dieses Quantums, wird nur so viel entnommen, wie nachgeliefert werden kann; dann ist ihr Bestand gesichert. Wird dagegen mehr entnommen, als nachgeliefert werden kann, führt das zu einer Entwertung des Biotops, mit der Folge, dass der Nahrungsvorrat sinkt und mit ihm der Bestand seiner Bewohner.

Jede menschliche Population, die Bestand haben will, ist gezwungen, durch eine kontrollierte Nahrungsaufnahme dafür zu sorgen, dass alles Nichtmenschliche die Möglichkeit der Reproduktion behält.

Nach Ansicht des Anthropologen Philippe Descola ist den sogenannten „primitiven" Völkern ihr Streben nach Homöostase vollauf bewusst: *„Es steht außer Zweifel, daß die Indianer Amazoniens eine bemerkenswerte empirische Kenntnis der komplexen Zusammenhänge zwischen den Organismen ihrer Umgebung besitzen* *und daß sie diese Kenntnis bei ihren Subsistenzstrategien einsetzen.“*[23]

Mit diesem Wissen haben kleine Menschengruppen in der Abgeschiedenheit eines Urwaldes bis heute überlebt und sie würden auch weiterleben, hätte man sie nicht von außen zerstört. Ähnliches gilt für alle nomadischen Völker, die im direkten, persönlich erfahrbaren Stoffwechsel mit ihrer Umgebung leben. Descola glaubt, dass die Schamanen die Hauptrolle bei der Suche nach einem vollkommenen homöostatischen Gleichgewicht spielen. Ihre Rituale sind Gelegenheiten, *„das Inventar der Vorräte zu erstellen, Kosten und Nutzen abzuwägen und eine Verteilung der Ressourcen vorzunehmen“.*[24] Das deutet auf eine perfekte Symbiose der Menschen mit ihrer Umwelt hin, das heißt auf ein parasitäres Verhältnis, bei dem der Parasit Mensch darauf achtet, seinen Wirt nicht zu töten.

Die zugrundeliegende Ideologie ist die des Erwerbs emotionaler Sicherheit durch Verzicht, den Verzicht auf Nahrung und auf körperliche Aktivität zu dessen Erwerb. Der Stoffwechsel mit der Natur bleibt auf ein Minimum beschränkt und mit ihm die Entropiezunahme. Geistige Leistungen, Innovatio-

---

[23] Descola, Philippe: Jenseits von Natur und Kultur, Berlin 2011: Suhrkamp, S. 35.
[24] Ebd., S. 34.

nen, sind auf die Reduktion des Energieverbrauchs gerichtet. Der aktive Erhalt der Umwelt als Lebensquell vermittelt so das ersehnte Gefühl der Geborgenheit im Schoße der Natur.

Mit dem Übergang zur Landwirtschaft ändern sich die Lebensverhältnisse radikal. Nur die Grundbedürfnisse bleiben gleich, nämlich das Verlangen nach Nahrung und das Streben nach emotionaler Sicherheit. Der Bauer lebt mit den Jahreszeiten, sein Nahrungserwerb ist großen Schwankungen unterworfen und Vorratshaltung steht im Mittelpunkt seines ganzen Kalküls. Erst wenn die Vorratskammern gefüllt sind, löst sich die Angst, um sogleich von einer neuen Angst abgelöst zu werden, nämlich der um die Sicherheit seiner Vorräte. Ein Bauer hat ein gesteigertes Sicherheitsproblem, das er allein nicht zu bewältigen vermag.

Aus dieser Zwangslage heraus entstand die Kaste der Krieger, die quasi in Arbeitsteilung Schutz gegen Nahrung bieten. Für die Bauern bedeutet das zusätzliche Arbeit. Sie müssen der Umwelt mehr Nahrung, also niedrige Entropie, abpressen und sie damit in einem höheren Maß entwerten, als ihre Verwandten im Urwald das mussten. Verlangen die Krieger zum Beispiel eine besondere Ausrüstung, die Handwerker hergestellt haben, so müssen auch diese vom Bauern und der Umwelt ernährt werden.

Jede Art von Bedürfnisbefriedigung, ob sie dem Magen oder der Phantasie entspringt, hat ihren Preis in einem bestimmten Quantum Nahrung, dessen Wert der Entwertung der Natur entspringt, also einer Entropiezunahme dort.

Der eiserne Ring, der sich um alles Wünschbare legt, ist der Betrag niedriger Entropie, den eine gegebene Umwelt ihren Bewohnern bereitzustellen vermag. Dieser Betrag ist immer endlich, mag der *„Appetit des Geistes"*[25] auch unendlich sein. Eine Bedürfnisbefriedigung der Phantasie, also des Kopfes, geht nur zu Lasten der realen Bedürfnisse des Magens.

Der naturverbundene, aber machtlose Bauer kennt diese Grenzen. Er weiß zum Beispiel, dass ein Acker Zeit braucht, um sich zu regenerieren. Eine kluge Elite weiß das auch. Entscheidend aber ist, ob die Habgier der Mächtigen nicht stärker ist als ihre Vernunft, was in der Regel nicht zu erwarten ist. In dem Maße, wie sie ihren Appetit des Geistes befriedigen, reduziert sich das Nahrungsangebot für die Schwachen. Das Ganze ist ein Nullsum-

---

[25] So Karl Marx mit Nicholas Barbon. Marx, Karl: Das Kapital. Kritik der politischen Ökonomie, Bd. 1, 1867, in: Marx Engels Werke, Bd. 23, Berlin 1962: Dietz, S. 11–802, hier S. 49, Fußnote 2; URL: http://www.mlwerke.de/me/me23/me23_049.htm#M2 (abgerufen am 7. Dezember 2020).

menspiel: Der Reichtum der Oberschicht bedeutet Verelendung und nachlassende Arbeitsleistung und Kampfbereitschaft der Massen – der direkte Weg in den Untergang einer Gesellschaft. Ein Untergang, der nach Ian Morris' Entwicklungsparadox vorprogrammiert ist: *„Gesellschaftliche Entwicklung bringt stets zugleich die Kräfte hervor, die sie untergraben.“*[26] Das steht in Analogie zu der Aussage des zweiten Hauptsatzes der Thermodynamik, dass der Nutzen einer bestimmten Energiemenge ständig abnimmt. Alles zerstört sich von innen, aus sich selbst heraus, es ist nur eine Frage der Zeit.

Eine Klassengesellschaft zerstört sich selbst.

Dasselbe, was ihr Wohlstand gebracht hat, nämlich die Trennung in eine Führungselite und eine folgsame Unterschicht, bringt ihr auch den Ruin – durch Degeneration der Führungselite. Frei nach Shakespeares „König Lear“ führen am Ende Verrückte Blinde.

Verrücktheit nach Macht und Luxus sowie blinde Gefolgschaft der Ohnmächtigen sind die Ergebnisse des besagten Appetits des Geistes, auch als Habgier bekannt, eine Einstellung, reale oder abstrakte

---

[26] Morris, Ian: Wer regiert die Welt? Warum Zivilisationen herrschen oder beherrscht werden, Frankfurt a. M./New York 2011: Campus, S. 195.

Ziele zu verfolgen, die über die Befriedigung der Grundbedürfnisse hinausgehen.

Die Bedürfnisse der Phantasie entspringen einem dem menschlichen Wesen eigenen Wertempfinden, das uns veranlasst, Dingen über ihren praktischen Gebrauchswert hinaus eine Bedeutung für unser Wohlbefinden zu geben.

Das Wertempfinden kommt wie das Zeitempfinden aus den unbewussten Tiefen unseres Gehirns. Mit diesen Empfindungen haben wir uns von der übrigen Tierwelt entkoppelt, sie bilden die Grundlage unserer spezifisch menschlichen Kultur. Das Zeitempfinden gibt uns die Gabe der Weitsicht, eröffnet den Blick in eine gedachte zukünftige Welt. Aus dem Wertempfinden heraus sind wir bereit, für eine Welt zu arbeiten oder zu kämpfen, die nur als Fiktion existiert. Mit dieser inneren Verfassung eröffnen wir der Entropie der Erde ein völlig neues Feld ihrer Entfaltung. Ein Selbstbetrug verleitet uns dazu, die uns umgebende Natur in nutzlose Gegenstände zu verwandeln. Vergegenständlichungen unserer grenzenlosen Phantasie überschwemmen die Welt. Was uns jedoch anfänglich Lebensfreude beschert, endet unweigerlich als Müll, äußeres Zeichen einer gelungenen Entropiezunahme.

Der menschliche Geist entpuppt sich als langer Arm Shivas des Zerstörers.

Der menschliche Geist ist der Höhepunkt der Evolution. Ihm entspringen die Ideen, die die Welt verändern. Darüber hinaus ist der Mensch nur williges Instrument, das als Arbeiter oder Krieger das Werk der Zerstörung vollbringt. Es war das Werk der Evolution, ein Wesen zu züchten, das sich seiner eigentlichen Bedeutung nicht bewusst wird und bereit ist, sich selbst zu opfern, wenn es der Entwicklung von Informationen dient, die der Entropiezunahme auf der Welt immer neue Impulse verleihen.

Unserer Selbsterkenntnis sind von der Natur enge Grenzen gesetzt. Aus dem Unbewussten gesteuerte Emotionen lenken unseren Blick ab von der Realität in eine fiktive Welt, in der wir uns selbst eine Bedeutung oder eine Bestimmung geben, die zwar nur in unserer Phantasie existiert, aber doch von essentieller Bedeutung für unser reales Überleben ist. Ein imaginiertes Selbstwertgefühl gibt uns die notwendige Lebenskraft, bindet die alles durchdringende Angst. Nach Jacques Monod bedarf es dazu einer Erklärung, einer umfassenden Geschichte, die uns Bedeutung verleiht, indem sie uns *„einen* *notwendigen Platz in den Plänen der Natur zuweist"*.[27] Die Wirksamkeit der Geschichte ist völlig unabhängig von dem Anteil objektiver Wahrheit, die sie enthalten mag.

Auch Friedrich Nietzsche glaubt: „[…] – das meiste bewusste Denken eines Philosophen ist durch seine Instinkte heimlich geführt und in bestimmte Bahnen gezwungen. Auch hinter aller Logik und ihrer anscheinenden Selbstherrlichkeit der Bewegung stehen Wertschätzungen, deutlicher gesprochen, physiologische Forderungen zur Erhaltung einer bestimmten Art von Leben."[28]

Nicht das Streben nach Wahrheit, die Fähigkeit zum Selbstbetrug macht den Menschen.

Der innere Zwang einer abstrakten Wertschätzung aller Objekte dieser Welt, in dessen Folge sich der Mensch selbst als gesellschaftliches Objekt betrachtet und bewertet, führt zu Spannungen zwischen dem bewussten Selbstkonzept, also der Eigenbewertung, und den aus dem Unbewussten hervortretenden *physiologischen Forderungen zur Erhaltung einer bestimmten Art von Leben*. Der Selbstbetrug überwindet diese „kognitive Dissonanz" durch die Kon-

---

[27] Monod 1996, S. 148.

[28] Nietzsche, Friedrich: Jenseits von Gut und Böse. Zur Genealogie der Moral, Stuttgart 1953: Alfred Kröner, S. 9 f.

struktion einer fiktiven Welt als sichere Zuflucht für unser Selbstwertgefühl, dessen Ausgeglichenheit für unser psychisches Überleben von außerordentlicher Bedeutung ist. Der Selbstbetrug durchtränkt unser Fühlen, Denken und Handeln, wir treffen ihn überall.[29]

Wesen und Kraft des Kapitalismus liegen in der Bündelung und Ausrichtung aller unserer Wertvorstellungen auf Geld, das heißt in einer Umlenkung unseres natürlichen Bedürfnisses nach Nahrung auf ein Bedürfnis unserer Phantasie, auf das Verlangen nach Geld. Der wahre Kapitalist ist bereit, sich in jeder Hinsicht einzuschränken und sogar zu hungern, um Geld anzuhäufen, einen Wert, der nur in unserer Phantasie existiert. Der reale Gebrauch des Geldes beruht auf einer Fiktion, einer, die unser Selbstwertgefühl unterstützt und in der sich unsere Angst löst. Geldbesitz wird so zum Angelpunkt unseres individuellen emotionalen Überlebens, dem geistigen Kern menschlicher Existenz.

Der Kapitalismus basiert auf einem Selbstbetrug.

---

[29] Dazu Trivers, Robert L.: Betrug und Selbstbetrug. Wie wir uns selbst und andere erfolgreich belügen, Berlin 2013: Ullstein.

Als Geldquelle dient dem Kapitalismus die Warenproduktion. Waren entstehen in der Bearbeitung der Natur, zum Beispiel auf einem Acker. Mit dem Know-how und der Geschicklichkeit arbeitender Menschen werden Waren mit einem gewissen Wert produziert. Ihr Verkauf bringt das ersehnte Geld. Wie viel, bestimmt der Wert der Ware. Für Karl Marx ist deshalb *„die Wertform der Ware die ökonomische Zellenform"*.[30]

In seinem „Kapital" weist er präzise nach, dass der Wert einer Ware dem Wert der Arbeitskraft entspricht, gemessen an der Dauer der zu ihrer Herstellung erforderlichen Arbeitszeit. Der Preis einer Ware *„ist an sich nichts als der Geldausdruck des Werts"*.[31] Der Wert der Arbeitskraft ist für ihn bestimmt *„durch den Wert der Lebensmittel, die zur Produktion, Entwicklung, Erhaltung und Verewigung der Arbeitskraft erheischt sind"*.[32] Lebensmittel sind vor

---

30 So Karl Marx im Vorwort zur ersten Auflage des ersten Bandes des „Kapitals": Marx 1867/1962, S. 12. URL: http://www.mlwerke.de/me/me23/me23_011.htm (abgerufen am 7. Dezember 2020).

31 Marx, Karl: Lohn, Preis und Profit. Vortrag, gehalten auf den Sitzungen des Generalrats der I. Internationale am 20. und 27. Juni 1865, in: Marx Engels Werke, Bd. 16, Berlin 1962: Dietz, S. 101–152, hier S. 127. URL: http://www.mlwerke.de/me/me16/me16_101.htm (abgerufen am 7. Dezember 2020).

32 Ebd., S. 132.

allem Nahrung, also die uns vom Biotop der Erde bereitgestellte niedrige Entropie.

Geldgewinn und Entropiezunahme stehen damit in einem direkten Verhältnis. Verbunden sind sie durch die menschliche Arbeitskraft und die zu ihrer Erzeugung notwendige Nahrung. Diese ist begrenzt durch die vorhandene niedrige Entropie. So hat auch die Geldvermehrung ihre natürliche Grenze. Es kann nur so viel Arbeitskraft in Geld umgewandelt werden, wie Nahrung vorhanden ist. Die gleiche innere Schranke, die das Wachstum der Erdbevölkerung in Grenzen hielt, lässt auch die Geldmenge nicht in den Himmel wachsen.

Das änderte sich grundlegend durch eine weitere epochale Innovation, die Erfindung der Dampfmaschine. Mit dem Bau von Maschinen kommt eine weitere Quelle niedriger Entropie zur Wirkung, in der Form fossiler Brennstoffe. Es treten Geschöpfe in Erscheinung, die Arbeit verrichten können wie der Mensch, ohne lebende Nahrung zu benötigen. Sie saugen die zur Arbeit erforderliche niedrige Entropie aus toter, abgestorbener Natur.

Arbeitskraft aus toter Natur, gelenkt von menschlichem Know-how, steigert unseren Zugriff auf lebende Natur über das uns von der Sonne nachgelieferte Quantum hinaus. Wir nutzten diese Möglichkeit sofort, um uns massenhaft zu vermehren.

Wenn wir jedoch ständig mehr niedrige Entropie unserem Biotop entnehmen, als von der Sonne nachgeliefert wird, kommt es zu einer bleibenden Entwertung desselben. Der menschliche Geist treibt uns in eine Entwicklung, an deren Ende es weder ein Biotop noch Nahrung noch uns Menschen gibt.

Mit dem Einsatz immer leistungsfähigerer Arbeitsmaschinen steigt die Warenproduktion ins Unermessliche. Gelingt es, die Waren zu verkaufen, steigt auch die Geldmenge und zunächst auch der erzielte Gewinn. Langfristig bleibt der anfallende Profit jedoch dem Wert einer Ware verhaftet und der Wert weiterhin dem menschlichen Verlangen nach „lebendiger" Nahrung, also der dem Biotop entnommenen niedrigen Entropie. „Tote" Maschinennahrung ist für uns wertlos. Fällt der Anteil menschlicher Arbeitskraft zur Herstellung einer Ware, fällt über kurz oder lang auch ihr Wert und mit ihm der zu erzielende Profit. Dieser Zusammenhang führt zum sogenannten *„tendenziellen Fall der Profitrate"*, von Marx als *„in jeder Beziehung wichtigste[s] Gesetz der modernen politischen Ökonomie"* bezeichnet.[33]

---

[33] Marx, Karl: Grundrisse der Kritik der politischen Ökonomie, in: Marx Engels Werke, Bd. 42, Berlin 1983, S. 641; URL: https://marxwirklichstudieren.files.word-

Der Ersatz menschlicher Arbeitskraft durch den Einsatz von Maschinen führt kurzfristig zu einem Gewinn, der langfristig immer wieder verdampft. Der unermüdliche, aber vergebliche Versuch, durch den Einsatz immer besseren Know-hows den Profit zu steigern, endet in der Massenproduktion immer wertloserer Güter, die nach immer kürzerem Gebrauch auf dem Müll landen.

Die Umweltzerstörung resultiert aus der maschinellen Massenproduktion.

Die konsequente Missachtung dieser Zusammenhänge ist der wahre Motor des Kapitalismus. Der im Kapitalismus kultivierte Mensch sieht nur den momentanen Vorteil einer gelungenen Innovation. Der Arbeiter spürt eine Arbeitserleichterung, der Kapitalist verdient mehr Geld. Allen Unkenrufen zum Trotz sind beide sich einig, den richtigen Weg zum Glück gefunden zu haben. Angetrieben von dem Bedürfnis, ihre eigene und die Zukunft ihrer Kinder zu sichern, zerstört ihre immer effizientere Arbeitsweise Schritt für Schritt die Grundlagen ihrer Existenz. Sie häufen Geldvermögen an, also fiktive Werte, und zerstören dabei die Grundlage

---

press.com/2012/11/mew_band42.pdf (abgerufen am 7. Dezember 2020).

jedweden realen Werts, eine intakte Natur als Nahrungslieferant.

Dieses Verhalten entspringt unserem triebhaften Verlangen, hier und jetzt die Oberhand zu behalten, egal was morgen geschieht. Das müssen wir, weil in einer Konkurrenzsituation derjenige überlebt, der den Moment am besten meistert. Die Zukunft ist immer zweitrangig. Über den Tag hinaus zu denken ist eine kulturelle Leistung, die von der permanenten Konkurrenzsituation im Kapitalismus unterdrückt wird. So hat der Kapitalismus uns vordergründig reich gemacht, um uns auf lange Sicht zu zerstören.

Karl Marx ergründete den Zusammenhang von Lebensmitteln, Arbeit und Wert Mitte des 19. Jahrhunderts. Den Begriff der Entropie kannte er wohl nicht, obwohl dieser von einem Zeitgenossen, dem Physiker Rudolf Clausius, entwickelt wurde. Die Erkenntnis lag also quasi in der Luft – die Erkenntnis nämlich, dass der Nutzen einer gegebenen Energiemenge ständig abnimmt und jede Bewegung und jedes Wachstum genau jene Kräfte hervorbringt, die dem weiteren Verlauf entgegengerichtet sind; Marx erkannte eine innere Schranke im Wachstum des Kapitals und der Volksmund weiß seit langem, dass die Bäume nicht in den Himmel wachsen, ein Wissen, dessen Umsetzung uns im täglichen Handeln wie von Geisterhand verwehrt erscheint.

Auch heute, angesichts einer erdrückenden Problemlage, schalten wir den Verstand ab und glauben, einfach weitermachen zu können wie bisher, hoffend auf eine rettende Innovation, also auf genau das, was uns in diese aussichtslose Lage gebracht hat.

Albert Einstein wird das Wort zugeschrieben: „Zwei Dinge sind unendlich, das Universum und die menschliche Dummheit. Aber bei dem Universum bin ich mir noch nicht ganz sicher.“[34]

Wir müssen mildernd bedenken, dass es sich um eine uns von der Natur verordnete Dummheit handelt. Sie ist das Ergebnis einer Züchtung, in deren Verlauf die auf den Moment gerichtete Intelligenz gefördert und die weitsichtige Vernunft konsequent unterdrückt wird. Mögen Einzelne noch so weitsichtig sein, das gesellschaftliche Handeln bestimmen sie nicht. Die Masse folgt immer der Verlockung eines kurzfristigen materiellen Vorteils. Vernunft ist nicht mehrheitsfähig.

---

[34] Vgl. Forum Einstein. Zentrum für Wirtschaft, Wissenschaft und Politik: Zitate Albert Einstein (14.3.1879–18.4.1955); URL: https://www.forum-einstein.org/zitate.html (abgerufen am 7. Dezember 2020).

Wir unterliegen den Zwängen eines Naturprozesses, der es nicht gut mit uns meint und dem wir bedingungslos ausgeliefert sind. Dies ist eine erschreckende Erkenntnis, mit der wir leben müssen, der wir aber psychisch nicht gewachsen sind – wir wären *Übermenschen*.

Darum wollen wir gar nicht wissen, was ist. Sowohl die Philosophie als auch die Metaphysik dienen nicht dem Streben nach Wahrheit, sondern im Gegenteil, sie sind dazu geschaffen, ein Narrativ zu entwickeln, das uns von der für uns unerträglichen Wahrheit fernhält, damit wir unseren Lebensmut nicht verlieren, die Hoffnung nicht aufgeben und weil, wie Nietzsche sagt: *„Verzichtleisten auf falsche Urteile ein Verzichtleisten auf Leben, eine Verneinung des Lebens wäre.“*[35] Es gibt kein Leben ohne Selbstbetrug, der sich wie ein Panzer um unsere Psyche legt und jeder Aufklärung und jeder Logik widersteht. Das momentane psychische Überleben ist uns wichtiger als die physische Existenz an sich. Im Selbstbetrug verdrängen wir die Realität des Todes. Das ist der Fallstrick, mit dem die Natur uns ans Leben fesselt zur Erhaltung einer bestimmten Art von Leben, zu der es einer bestimmten Art

[35] Nietzsche 1953, S. 10.

menschlicher Dummheit bedarf. Wir können alles verstehen, nur uns selbst nicht.

Wir fällen ständig falsche Urteile über uns selbst. Wir veredeln unsere Evolution zu einer kulturellen Evolution, zur Geschichte eines vermeintlichen Aufstiegs des Menschen. In einem kollektiven Selbstbetrug erschaffen wir uns eine fiktive Welt, einen „geistigen Überbau", der uns emotional auffängt, in dessen Aura sich die Angst löst.

Dermaßen gerüstet, entfremdet von der eigenen Natur, die realen Gefahren missachtend, stellen wir uns in den Dienst Gott Shivas des Zerstörers.

Von einem fulminanten Selbstbetrug verblendet, reißen wir uns und mit uns alles, was lebt, in den *„Abgrund der Entropie"*[36].

---

[36] Ein Ausdruck von Stanisław Lem.

ENDZEIT

Die Bearbeitung der Natur, das heißt ihre Zerstörung, überlassen wir inzwischen weitgehend der Maschine. Ihre Arbeitskraft und ihre Schnelligkeit der Informationsverarbeitung, ihre Intelligenz übertreffen die des Menschen bei weitem. Das bedeutet für den Kapitalismus, dass die menschliche Arbeitskraft immer mehr an Bedeutung verliert und dass der Mensch dem System in erster Linie als Verbraucher dient, um den Waren- und mit ihm den Geldfluss aufrechtzuerhalten. Konsumenten brauchen aber Geld, um nützlich zu sein. Das Geld besitzen die Kapitalisten; sie müssen die Konsumenten mit Geld versorgen. Diese Notwendigkeit stellt den Kapitalismus auf den Kopf. Das traditionelle Verhältnis von Herr und Knecht kehrt sich um. Nicht die arbeitenden Knechte ernähren ihren Herrn, der Herr muss mit Hilfe seiner Maschinen seine arbeitslosen Knechte ernähren. Das geschieht in der Form eines Selbstbetrugs. Der Kapitalist verleiht sein Geld gegen Zinsen an seine potentiellen Kunden und glaubt dabei, ein Geschäft zu machen. Die Rechnung kann nicht aufgehen, denn so wie die

Profitrate in der Warenproduktion sinkt, sind die Schuldner immer weniger in der Lage, die Kredite zu bedienen, geschweige denn sie zurückzuzahlen. In der Endphase, die wir durchleben, werden die alten Schulden mit neuen bedient, so lange, bis eine kritische Menge fauler Kredite unser Bankensystem sprengt. Bis dahin wird das fehlende Geld einfach gedruckt. So entsteht eine Finanzblase, die im Moment ihres Platzens der Fiktion vom ewigen Reichtum ein Ende setzt und die Welt ins Chaos stürzt.

Der Kapitalismus zerstört sich selbst.

Der Reichtum einiger weniger existiert nur in der Form unerfüllbarer Forderungen an die verschuldeten und verarmten Massen. Er wird in dem Maße zur Fiktion, wie die menschliche Arbeitskraft überflüssig wird. Maschinen lassen sich nicht ausbeuten, mit ihnen allein lässt sich kein Profit machen. Grundlage jeglichen „Gewinns" ist die Ausbeutung des Menschen durch den Menschen.

Die Maschine ist unser Schicksal. Sie ist das Rückgrat der industriellen Revolution, die, angetrieben von der massenhaften Verbrennung organischen Materials, immer mehr CO_2-Gas in die Atmosphäre entlässt. CO_2 ist ein sogenanntes Klimagas, das zur Erderwärmung führt, und zwar in einem sich selbst verstärkenden Prozess, wenn eine kritische Menge vorhanden ist. Das heißt, er beschleunigt sich selbst ohne weiteres Zutun des Menschen. Zum Beispiel wird mit dem Abschmelzen der Eisflächen immer mehr Sonnenenergie von dem dunkleren Boden absorbiert und die Wirkung des CO_2 damit verstärkt. Ein weiteres Beispiel für einen kumulativen Anstieg der Erdtemperatur ist das bei abnehmendem Dauerfrost freigesetzte Methan, das seinerseits als Klimagas für einen Temperaturanstieg sorgt. Das alles passiert mit einer Geschwindigkeit, die eine Anpassung des Lebens an die veränderten Verhältnisse ausschließt.

Leben ist ein offenes, von Materie und Energie durchflossenes System, jede Behinderung hat katastrophale Folgen.

Unser größtes ökologisches Problem ist der Rückgang der Artenvielfalt. Mittlerweile sterben laut einem *Bericht der Vereinten Nationen zur Artenvielfalt* bis zu 130 Tier- und Pflanzenarten täglich. Laut WWF liegt die derzeitige Aussterberate um den Faktor 100 bis 1.000 über dem natürlichen Wert. Aussterben heißt Verlust genetischer Information. So gleitet das Biotop der Erde auf der schiefen Ebene eines wachsenden Informationsverlustes ins Nichts.

Mit dem Erlöschen der Information erlischt das Leben.

Das alles geschieht nicht durch Einwirkung von außen, sondern getrieben von einer intrinsischen, vom Menschen erzeugten Wachstumsdynamik in der Herstellung künstlicher, toter, am Ende wertloser Dinge – von Müll. Der wachsende Müllberg basiert auf einem wachsenden Informationsstand der Menschheit und der Tendenz, die Informationsverarbeitung immer mehr der schnelleren Maschine zu übertragen. Dermaßen gerüstet führen wir erfolgreich Krieg gegen die uns umgebende Natur und damit gegen uns selbst. Je kräftiger und intelligenter unsere Maschinen werden, umso wirkungsvoller sägen wir an dem Ast, auf dem wir sitzen.

Die radikalste Schiene der Weltzerstörung verläuft über die vom Menschen bewirkte gesteigerte Freisetzung von Radioaktivität. Niemand weiß wann, aber alle Kernreaktoren dieser Welt werden eines Tages außer Kontrolle geraten und unkontrolliert Radioaktivität freisetzen, das ist sicher. Wahrscheinlich beschleunigen wir den Prozess durch ein von uns gezündetes nukleares Inferno – die ultimative Entropiezunahme. Wir haben alles gut vorbereitet. Eine gewaltige Vernichtungsmaschinerie steht bereit, es muss nur noch jemand auf den entsprechenden Knopf drücken.

Der menschliche Geist hat sein Werk vollbracht – wir können gehen.

Es liegt im Wesen des Menschen, dass er das alles nicht wirklich wahrnimmt, nicht wahrnehmen will. Für Alexander Kluge trifft die erschreckende Wirklichkeit auf einen *„Anti-Realismus des Gefühls: Das Gefühl mag solche Dinge nicht, die den Menschen verletzen, also leugnet das Gefühl die Wirklichkeit.“*[37] Das erklärt den Realitätsverlust einer Gesellschaft, die sich selbst als Wissens- oder Informationsgesellschaft bezeichnet. In diesen Zusammenhang gehört auch die Feststellung Carlo Rovellis:

„Die Sicht von der Realität ist der kollektive Wahn, den wir organisiert haben.“[38]

Der zweite Hauptsatz der Thermodynamik in Form von Symbolen geschrieben lautet:

$$\Delta S \geq 0$$[39]

[37] Kluge, Alexander/Vogl, Joseph: Senkblei der Geschichten. Gespräche, Zürich 2020: Diaphanes, S. 15.
[38] Rovelli 2018, S. 171.
[39] Das „S“ steht in der Formel für Entropie. Das „ΔS“ steht für eine Entropiedifferenz.

Diese denkbar einfache Formel enthält eine denkbar einfache Aussage:

Es gibt kein Zurück.

Denn „die Richtung, entlang der die Entropie wächst, nennen wir Zeit", sagt Carlo Rovelli.[40]

---

[40] Rovelli 2018, S. 162.

LITERATUR

Benoist, Alain de: Am Rande des Abgrunds. Eine Kritik der Herrschaft des Geldes, Berlin 2012: Edition Junge Freiheit

Bronowski, Jacob: Der Aufstieg des Menschen. Stationen unserer Entwicklungsgeschichte, Frankfurt a. M./Berlin/Wien 1976: Ullstein

Dawkins, Richard: Das egoistische Gen, Jubiläumsausgabe, Heidelberg 2007: Spektrum Akademischer Verlag

Descola, Philippe: Jenseits von Natur und Kultur, Berlin 2011: Suhrkamp

Forum Einstein. Zentrum für Wirtschaft, Wissenschaft und Politik: Zitate Albert Einstein (14.3.1879–18.4.1955); URL: https://www.forum-einstein.org/zitate.html (abgerufen am 7. Dezember 2020)

Franzen, Jonathan: Wann hören wir auf, uns etwas vorzumachen? Gestehen wir uns ein, dass wir die Klimakatastrophe nicht verhindern können, Hamburg 2020: Rowohlt

Han, Byung-Chul: Kapitalismus und Todestrieb. Essays und Gespräche, Berlin 2019: Matthes & Seitz

Han, Byung-Chul: Topologie der Gewalt, 2. Auflage, Berlin 2012: Matthes & Seitz

Harari, Yuval Noah: Eine kurze Geschichte der Menschheit, 7. Auflage, München 2015: Pantheon

Kluge, Alexander/Vogl, Joseph: Senkblei der Geschichten. Gespräche, Zürich 2020: Diaphanes

Lem, Stanisław: Philosophie des Zufalls. Zu einer empirischen Theorie der Literatur, Bd. 1, Frankfurt a. M. 1983: Insel

Marx, Karl: Grundrisse der Kritik der politischen Ökonomie, 1857/58, in: Marx Engels Werke, Bd. 42, Berlin 1983: Dietz; URL: https://marxwirklichstudieren.files.wordpress.com/2012/11/mew_band42.pdf (abgerufen am 7. Dezember 2020)

Marx, Karl: Das Kapital. Kritik der politischen Ökonomie, Bd. 1, 1867, in: Marx Engels Werke, Bd. 23, Berlin 1962: Dietz; URL: http://www.mlwerke.de/me/me23/me23_000.htm (abgerufen am 7. Dezember 2020)

Marx, Karl: Lohn, Preis und Profit. Vortrag, gehalten auf den Sitzungen des Generalrats der I. Internationale am 20. und 27. Juni 1865, in: Marx Engels Werke, Bd. 16, Berlin 1962: Dietz, S. 101–152; URL: http://www.mlwerke.de/me/me16/me16_101.htm (abgerufen am 7. Dezember 2020)

Monod, Jacques: Zufall und Notwendigkeit. Philosophische Fragen der modernen Biologie, München 1996: Piper

Morris, Ian: Wer regiert die Welt? Warum Zivilisationen herrschen oder beherrscht werden, Frankfurt a. M./New York 2011: Campus

Nietzsche, Friedrich: Jenseits von Gut und Böse. Zur Genealogie der Moral, Stuttgart 1953: Alfred Kröner

Rovelli, Carlo: Die Ordnung der Zeit, Reinbek bei Hamburg 2018: Rowohlt

Soboczynki, Adam: Made in China, in: „Die Zeit“ vom 2. April 2020, Nr. 15, S. 45

Trivers, Robert L.: Betrug und Selbstbetrug. Wie wir uns selbst und andere erfolgreich belügen, Berlin 2013: Ullstein

Unsöld, Albrecht: Evolution kosmischer, biologischer und geistiger Strukturen, 2. Auflage, Stuttgart 1983: Wissenschaftliche Verlagsgesellschaft

Wagner, Andreas: Arrival of the Fittest. Wie das Neue in die Welt kommt. Über das größte Rätsel der Evolution, Frankfurt am Main 2015: S. Fischer

Das Wort auf dem Buchrücken vom Antrieb „schöpferischer Zerstörung“ ist ein von Karl Marx verwendeter Ausdruck für die Wirkungsweise des Kapitals. Dazu Kluge/Vogl 2020, S. 195.

Der Autor,

ein pensionierter Lehrer für Chemie und Politik, klärt auf über die Bedeutung der Entropie für unser Leben. Geübt in didaktischer Reduktion macht er das kurz und knapp und auf eine für jedermann verständliche Weise.

Getrieben von dem Verlangen, einen inneren Bezug zwischen seinen beiden Unterrichtsfächern herzustellen, kam er zu der Feststellung, dass das Phänomen der Entropie sowohl die Chemie des Körpers als auch den Geist der Politik regiert. So wird der gesamte Lebensprozess zu einem reinen Naturprozess, der uns Menschen eine bestimmte Rolle zuteilt und damit Sinn und Zweck unserer Existenz offenlegt.

Dank

sage ich meiner lieben Frau Rosemarie für ihre verständnisvolle Unterstützung und meinem alten Freund Bernd Kober für seine kritische und konstruktive Begleitung meiner Arbeit.